群青の航海

FC今治、J昇格まで5年の軌跡

南海放送アナウンサー
江刺伯洋

監修
FC今治、南海放送

TOYOKAN BOOKS

はじめに

ようやく光が見えてきた。が、焦ってはいけない。

大事なのは足元の安全をしっかり確認しながら慎重に歩を進めることだ。Ｊリーグはこの難局を走りながら考える〝ウィズコロナ〟の道を選択した。

２０２０年５月29日。Ｊリーグはオンラインでクラブ代表者による臨時実行委員会を開き、新型コロナウイルスの影響で２月下旬から中断しているＪ１を７月４日に再開、Ｊ２再開とＪ３開幕は６月27日にすると発表した。

その４日前の５月25日。日本でのコロナウイルス感染者に減少傾向がみられることから緊急事態宣言が約１カ月半ぶりに完全解除された。

同日、それを受けた日本プロ野球が６月19日の開幕を決定したばかりだったので、Ｊリーグの発表は注目されていた。

日本の二大プロスポーツはコロナウイルスと戦いながら前に進むことを決めた。

２０２０年1月下旬、中国武漢市に始まった新型コロナウイルス騒動はわずか数カ月で世界の日常を一変させてしまった。このウイルスは私たちからあらゆるスポーツを奪っただけではなく、当たり前の日常をも奪ってしまった。

2月下旬、日本でのコロナウイルス感染者が増加する中、開幕したばかりのJリーグが全公式戦の延期を決断した。J１は2月21日、J２は2月23日に開幕戦１試合を終えていたが、J３はまだ開幕前（もともと3月7日開幕予定）だった。

どのスポーツ界よりも真っ先に〝延期〟という英断を下したJリーグの村井満チェアマンだったが、再開に対しては最後まで慎重だった。

Jリーグが示したウイルス感染回避のプロトコル（ガイドライン）は詳細だ。リーグ再開後しばらくはリモートマッチ（無観客試合）で実施。入場者の制限をかけて外部との接触を避け、東西2ブロック制でのカード編成で長距離移動の感染リスクを削減。また、J１からJ３まで56クラブの全選手やスタッフ、審判員ら約２４００人にPCR検査を2週に一度実施するなど。やる側も観る側も誰もが安心、安全な競技運営を目指しての再開となった。

史上初のJリーグをホームで迎えるべく準備を整えていたFC今治は、開幕の12日前に延期を知らされた。初のプロリーグ参戦に心躍らせていた選手、チーム関係者そして今治のサポーターは予期せぬ形で我慢を強いられることとなった。当初は1、２戦のみの延期で3月

21日の第3節（アウェイのガイナーレ鳥取戦）から再開の予定だった。

わずか2週間の延期だったので新主将に選ばれた駒野友一選手も「（リュイス）新監督を迎えたばかりなので戦術を落としこむにはちょうどいい。これまでいろんな経験してきてるので」と動揺は見せなかった。

しかし、その後もコロナ騒動は収まらず、さらに2度の再開延期を繰り返し、ついに4月3日に日程は白紙に戻された。早期開催を目指す理想と収まらないウイルスの脅威という現実にFC今治を含めたサッカー界、スポーツ界は翻弄された。

その後、ついに東京オリンピック・パラリンピックの1年延期が決定すると、世界中のあらゆるスポーツが次々に中止や延期に追い込まれた。

Jリーグのほとんどのチームが練習などを自粛していく中、FC今治も愛媛FCも4月6日から活動を休止。選手らは自宅待機を強いられた。4月16日、東京など7つの都府県以外でも新型コロナウイルス感染が広がったことで愛媛を含む全国47都道府県に緊急事態宣言が発令。この間は通常の生活や経済活動までもが脅かされ、スポーツイベントは開催するどころではなく、まず〝命を守る行動〟が優先された。

FC今治がトップチームの活動を再開させたのは最初の延期発表から2カ月半後の5月10

日だった。ピッチ練習では選手を3、4グループに分け、さらに時間差でのトレーニング。練習見学は中止し、メディア取材なども電話やオンラインでのみとするなどウイルス感染対策を徹底した。

そんな中、世界のサッカー界で最も早くリーグを再開させたのは実はアジアだった。まず感染者の数が比較的少なくなっていた台湾で4月12日にアマチュアサッカー1部リーグ開幕。同じく感染者の抑え込みに成功していた韓国でKリーグが5月8日開幕。

さらにリーグ終盤に差し掛かっていた欧州5大リーグも再開に動きだした。まずドイツ・ブンデスリーガが5月16日に再開、ついでスペイン・ラ・リーガが6月12日、イングランド・プレミアリーグが6月17日、イタリア・セリエAが6月20日などなど、次々に再開日程を発表した（フランス・リーグ・アンは4月28日10節を残し打ち切りを決定）。

完全なる終息ではない中での再開に反対の声も大きかったが、巨額マネーが動く人気リーグを欧州の世論が後押しした。いずれも当面はリモートマッチ（無観客開催）で感染防止策を徹底したうえでのリスタートだ。

ただ同じ再開でも欧州はリーグ終盤で、Jリーグはこれからリーグが本格的に始まる。1、2カ月の警戒と半年以上のそれでは全くリスクが違う。

日本はロックダウン（都市封鎖）などの強硬策を取ることなく第1次パンデミックを抑えることに成功した。

コロナウイルスの被害が未だ収っていないヨーロッパ諸国にとって、日本モデルは成功例として映っており、特に2020年シーズンのJリーグは世界中から注視されている。大袈裟に言えば、このコロナ禍の中でJリーグが成功するのかどうかが、そのまま東京五輪にもつながっていると言える。

新型コロナウイルスの影響でチーム活動を休止していた4月11日、FC今治代表取締役会長の岡田武史はクラブの公式サイトに以下のメッセージを掲載した（抜粋）。

FC今治ファミリーの皆さん

新型コロナウイルスが猛威をふるっています。

関東など大都市では緊急事態宣言が発せられ、愛媛県でも徐々に感染者が増え始めています。そんな中、Jリーグも開幕のめどが立たず、我々のトップチームも活動を停止して、選手、スタッフは自宅待機としております。今治初のJリーグの開幕を楽しみにしていただいていた皆さんには、本当に残念で申し訳なく思っています。

ただこういう危機に際しては、いろいろなことを考えず、シンプルに一番大切なことを全うするべきだと考えます。つまり、命を守ることです。そのためには、感染しない、感染させない。ワクチンができるまでは我々にできることはこれしかないと思います。よく言われるように「外出しない」、「手洗いをする」を一緒に実行しましょう。「勝負の神様は細部に宿る」、試合の勝ち負けを分けるのは「たった一回ぐらい」「俺一人ぐらい」という小さなゆるみであることがほとんどです。

新型コロナとの戦いも同じです。

ＦＣ今治ファミリーが一致団結して頑張っていきましょう。

我々はこの新型コロナとの戦いを乗り越えたときに、社会が変わるのではないかと思っています。つまり、物から事の消費という環境にやさしいライフスタイルであり、共感、信頼、関係など数字で表せない「目に見えない資本」を大切にする社会です。

それは、我々の企業理念である「心の豊かさを大切にする社会」が実現していくことだと思っています。

（株）今治．夢スポーツ　代表取締役会長　岡田　武史

この空白の数カ月は生きる意味を考えさせる自粛期間でもあった。本当に大切なものは何か。人生とは、生活とは、そして家族とは。

同じくなんのためのスポーツなのか。なんのためのプロスポーツチームなのかを関係者のだれもが自問した。

今回のコロナ騒動でいちはやく規制され中止となったのは、エンターテインメントであり

娯楽だった。しかし、自粛中に私たちが勇気づけられ、また求めていたのもまたエンターテインメントだった。

その中心にいるプロスポーツの存在意義はコロナ以前より増した。

岡田さんが言うように〝心の豊かさを大切にする社会〟の幕開けが待っているとすれば、今こそスポーツの、プロスポーツクラブの存在意義を見せつけるチャンスだ。


今から14年前の2006年2月。

『オレンジ色の夜明け』という愛媛FCのJ昇格劇を追いかけた拙著を上梓した。スタジアムで取材をしていると、稀にあの本のことを言っていただけることがある。もう10年以上も前のことなのにと思うと大変ありがたく恐縮するばかりだが、手に取っていただいた方にそう言ってもらえるのは、やはりこのスポーツが持つ熱量だと思っている。自分の愛するチームの成り立ちや歴史を知りたいという熱量が、このスポーツを支えている。

あの頃から世の中も随分と変わり世界の、日本の、愛媛のサッカー界も変貌を遂げてきた。当時J3リーグは無かったし、Jリーグへの昇格条件も今とは異なっていた。

なんと言っても町やファンがサッカーというスポーツを受け入れる素地が随分違っていた。あの頃、我が町にプロサッカークラブがあることの意義を知っていた愛媛県民は、ほんの一握りだった。

しかも今回は上梓までの道のりが険しく、愛媛FCのときの倍以上かかった。

あのとき、愛媛FCはすでにJFLに所属して5年目でJ昇格までを追いかけるのに実質1年でよかったのだが、FC今治はその下の地域リーグから追いかけた。

FC今治の当初の予定では4年以内でJ昇格だったが、現実は厳しくプラス1年で計5年もかかってしまった。

それを言うたびに
「我々は本気で4年で行くつもりでしたから!」

と毎回FC今治・植野準太広報/情報システムグループ長に叱られる。

ただ、本著で〝必要な5年間だった〟と岡田さんが振り返ったように、今は必然の5年間だったと私も思っている。


その5年間にいったい何があったのか。

元日本代表監督や元日本代表選手らがやってきて、手品のように一瞬でJリーグまで駆り上がったと思われては困る。

確かにチームの規模や運営理念は唯一無二、どこのサッカークラブもまねできないオンリーワン。他のアマチュアチームから見ると羨ましい限りのスーパークラブに見えるだろう。

しかし、そのチームが直面した四国リーグの実態や地域決勝大会での過酷さ、そしてJF

Lの非情さは14年経った今の時代も不変だった。

本書はいち地方のサッカークラブが、各カテゴリーを勝ち上がっていくというただの成功譚ではない。

今治という地域をどう活性化しようとしているのか。

トップチーム以外の活動とはなにか。西日本豪雨の被災地へ赴いて何をしたのか。

文章を書き始めたのが2015年2月。それから1825日。

ここに記されたことはチーム5年間のほんの一部にすぎないが、取材させていただいたことのできる限りを書き留めたつもりだ。

初稿が800ページを超える膨大な原稿量になり途方に暮れていたところを何とか読める形にまで整えていただいた東洋館出版社の吉村洋人さんには感謝しかない。改めて御礼申し上げます。

遠く地球の裏側で開催される世界最高峰のフットボールもいいが、運のいいことに私たちの国にはプロサッカーチームが56もある。

さらに私たちが住む地域（愛媛）にはプロサッカークラブが2つ存在する。

大変な時期を乗り越え、以前の姿ではないが少しずつスポーツが戻り、再びフットボールが町に帰ってきた。もちろんゲームを見られるだけでも嬉しいが、チームの成り立ちや歴史を知るとよりこのスポーツの醍醐味を味わうことができる。

よくご存じの方も、まったく予備知識のない方も、この本がきっかけでＦＣ今治のことがより好きになり、サッカーに、今治に興味を持っていただければ幸甚です。

まずは、大きな石が動く直前の２０１５年2月。すべてが始まったあの場所から振り返ってみたいと思う。

目次

※本書に登場する人物や団体名、また年齢などは当時のものとします。

この書籍はテレビ番組「FC今治チャンネル」の取材を基に構成しました。

制作著作：南海放送
ディレクター：荻山雄一
アナウンサー：江刺伯洋

【第一部】

2015年 リスタート

第一章　新オーナー岡田武史とともに再出発

あの岡田武史が本当に今治にやってきた！

２０１５年2月。人口約６０００人、愛媛県今治市の小さな町、旧玉川町にある会場「グリーンピア玉川」。満杯になっても１０００人も入らないイベントホールにお昼を過ぎた頃から、続けざまに人々が集まってきた。愛媛県内のマスコミはもちろん、遠くは東京からのテレビ局やスポーツ新聞社、スポーツライターなどなど。彼らは山のど真ん中にある近代的な建物の玄関ロビーに吸い込まれるように入り、次々と受付を済ませていく。

ＦＣ今治の新オーナーに就任した岡田武史氏がチームの新体制を初めて公の場で発表する場に選んだのがここだった。

元日本代表監督のあの〝岡ちゃん〟が今治の小さなサッカーチームオーナーになったらしいと日本中が噂し始めてはや数カ月。断片的にしか伝わってこない情報にやきもきしていた地元のマスコミに、正式な取材はここまで待ってくれとチーム側から指定された日が、今日である。

さらに、岡田さん本人がすべてを話すと指定した場所もユニークだった。そこは東京ではなく、松山や今治の市内中心部でもなかった。地元マスコミの我々でもほとんど訪れたことのない（実際に私は初訪問だった）場所にしたことにも岡田さんの強いこだわりと戦略が感じられた。

カメラスタッフと共に玄関ホールに設けられた報道陣用の受け付けを済ませると厚めの資料が手渡された。封筒に入っている冊子にはチームのエンブレムと共にこう書かれていた。

「FC.IMABARI Restart Conference －FC今治　新体制発表会－」

20ページほどにまとめられた冊子とロゴファイル一式がデータに入ったDVDなど。この時点でマスコミ対応はすでにローカルレベルの域を超えており、私は圧倒され始めていた。同じ地元のプロチーム、愛媛FCでもここまで豪華なものは見たことがなかった。

このリスタート・カンファレンスの3カ月前。

「FC今治　岡田氏　オーナーに」

「元日本代表監督　クラブ運営担う」

2014年11月2日の愛媛新聞には、そう題された記事が岡田氏の顔写真付きで1面を飾っていた。岡田さんはこの記事が出る前後から怒濤の行動力を見せ始めていた。

まずは自治体のトップをラッシュ攻撃。同年11月7日、岡田さんは愛媛県庁を訪れ愛媛県の中村時広知事と会談。今治市をホームタウンとする今期四国リーグ3位、FC今治のオーナー兼、後任が決まるまでの社長として就任しました、と挨拶にやってきた。

「トップチームと育成の下のチームが同じプレースタイルを作り、その殻を破っていく〝岡田メソッド〟を構築していきたい」

「今治をホームタウンにして日本、アジア、世界を目指していく」

「日本代表にウチの選手が5人ほど入って、日本代表がうち（FC今治）のサッカーになるようにしたい」

膝を突き合わせ、しゃべり続ける岡田さんに、行動力には定評のある中村知事も少しあっけに取られていた。

知事との会談の直後にあった、マスコミの囲み取材でも「野球熱の高い愛媛、しかも今治でやるからこそ面白いじゃないですか」と、はやくも岡ちゃん節を展開。

12月5日にはチームの練習試合を視察するため高知を訪れると、その2日後の7日は岡田さんを迎えて初めてトップチーム入団テストを実施。岡ちゃん効果がここでも発揮され、前年の2倍以上の選手が受験すると大勢のマスコミも詰め掛けた。

いきなり舞い降りた〝岡ちゃんフィーバー〟に地元今治の反応はすこぶる良く、今治の菅良二市長や商工会などが世話人となって翌年の1月28日には今治市内のホテルで〝歓迎する会〟が催された。300人以上出席したこのパーティで地元の経済人がチームを後押しすることを誓った。

歓迎会の席では元日本代表監督の肩書きにふんぞり返らず、自ら声をかけ、テーブルを名刺交換して回る岡田さん。これまで岡田さんが培ってきたグローバルな交渉力と人間力により、はやくも今治に岡ちゃん信者が増殖し始めた。

いったい岡田さんは何をしたいのか。何をしようとしているのか。ニュースの映像や新聞の記事として断片的にしか見えないものを、しっかりと自分の声で宣言したいと開催されたのが、「FC.IMABARI Restart Conference －FC今治 新体制発表会－」だった。

グリーンピア玉川での受け付けを済ませ、マスコミの記者やカメラマンでごった返すロビーを見渡すと、ユニフォーム姿に見慣れた若者が珍しくスーツ姿で立っていた。

愛媛FCにいた元Jリーガー、赤井秀一選手だ。2年前に愛媛FCを戦力外となりFC今治にアマチュア選手として所属していた。

「あら、今日はスタッフ?」

「はい」

「すごい騒ぎになっているね」

「いやあ、僕らのほうも何がなんだか……いろんなことにまだついていけていません（笑）」

でも楽しみだねと声をかけてその場を離れた。

岡田さんが登場するまではまだ時間があるので渡された資料をめくってみる。代表挨拶としてこう書かれている。

「私、岡田武史はこのたび、FC今治の新オーナーになりました。ここから始まる挑戦は、単にサッカーの競技力向上や普及だけを目的にしているのではありません。根底にあるのは〝次世代に生きる子どもたちや若者たちが夢や希望を持てる社会〟を実現したいという強い想いです――」

スタッフ紹介のページがこれまた豪華だ。U－18日本代表をはじめ、U－15、16、17の各日本代表監督を務めた吉武博文氏や甲府や京都で監督経験があり岡田ジャパンの時のコーチである大木武氏。そして現所属の選手たち全員。

最後にチームアドバイザーの顔写真。グループウェアNO・1、サイボウズの青野慶久社長（今治出身）。今治タオルのロゴデザインなどを担当したクリエイティブディレクター佐藤可士和。アーティストの日比野克彦。ラグビー界から平尾誠二。野球界から古田敦也などなど10人以上の著名人がメンバーに名を連ねている。

FC今治というチームはプロチームでも全国を舞台にしたチームでもない四国を中心にした〝地域リーグ〟に所属しているチームだ。まるで冗談かと思わせるスタッフやスポンサー。ついていけないのは赤井選手だけではないのだ。

今治市のグリーンピア玉川にて、ユニフォームを来て記者会見をする岡田武史オーナー（右から2人目）。
写真●読売新聞／アフロ

オーナー岡田武史が今治の人たちの心を摑《つか》んだ演説

開始予定時間の午後2時より少し前。メインホールのステージ上に司会者が登場した。

「それでは、早速〝スピーカー〟をご紹介します。元サッカー日本代表監督であり、このたびFC今治の新たなクラブオーナーに就任しました岡田武史です。それではよろしくお願いします！」

ド派手なオープニング曲が流れピンスポットに照らされ、あの〝岡ちゃん〟がゆっくりとした足取りでステージ中央へ現れた。

「皆さん、こんにちは！」

紺色のスーツ姿で深々と一礼してから話し始めた。

「今紹介に預かりました、このたびFC今治のオーナーになりました岡田武史でございます。本日はFC今治のリスタート・カンファレンスにお集まりいただき本当にありがとうございます！」

100人近い報道陣も拍手で迎えたほうがいいのか戸惑いながら、無言のまま今日の主役を注視している。ステージには大型スクリーンが用意され、その前でハンドマイク一本を持ち、自ら話をする様《さま》はまるでスティーブ・ジョブズのプレゼンのようだ。

話はいきなり核心から入る。

「私が今回のプロジェクトを始めた想いについてよく聞かれるんですけど、〝なんで今治なの？〟〝なんで監督じゃなくてオーナーなの？〟と。そういうことも含めてお話させていただきたいと思います」

思い出したかのようにカメラのフラッシュが焚かれ、断続的にステージ上の岡田さんのメガネを光らせる。

「事の始まり、きっかけは昨年のブラジルで行われたワールドカップ。あのあとサッカー仲間のあいだで日本のサッカーはどうあるべきだといろんな議論をしました。そんなときあるスペイン人のコーチと話をしてこう言われました。〝スペインにはプレーモデルというサッカーの『型』があるが日本には無いのか？〟と」

「僕が選手の頃にはサッカーは〝蹴っとけー！〟とか、そういう型にはめられて言われていました。そこから自由な発想で自己判断が大切だから型にはめちゃいけないと思っていたので、考えさせる指導というのが流行りました。その成果があって日本のサッカーは急激に進歩していったんです。

ところが、その上を行っているはずのスペインに『型』がある……。でも彼らが言っている型というのはよく聞いてみると〝型にはめる〟型じゃなく、共通認識のような『型』。例えば、味方が一人ボールを持っている。相手にプレッシャーをかけられた。まずファーストエリア、一番近いエリアにいる味方は何をするべきか。セカンドエリアにいる味方は何をするべきか。サードエリアにいる味方はどう動くべきだったか……という共通認識のような型を持っていることがわかりました。型があるからそれを破って驚くような発想や自由な発想が出てくる。自由から自由なモノってなかなか出ないのでは、と。そういう思いからこのたび、私は日本人に合った、世界に通用する〝岡田メソッド〟という『型』を作ろうと決めました」

「そしてその『型』をどこでやろうかと考えたんです。同じ型を使ってトップから育成まで同じ哲学、そして同じプレースタイルのクラブを作ってみたい。このクラブをどこで作ろうか……。正直、Jのクラブからも（監督要請や全権委任の）声をかけていただいたところもありました。でも、今できあがっているチームを一回潰さなきゃいけない。そのエネルギーを考えるなら10年かかるかもしれないけど、1からできるチーム……そして思いついたのが……ここFC今治でした」

「FC今治の前オーナーは私の知人で、以前から（チーム経営に）少し関与していました。そういうこともあってよしここでやろう！ と」

ここで初めて岡田氏の表情が緩んだ。100人ほどのマスコミはじっと話を聞いている。無駄話をするものは誰一人いない。ここまででも壮大な話だが、ここからグッと岡田さんらしさが濃くなっていく。肝の部分だ。

「で、ここの今治でやると決めてから……妄想といえば失礼ですが、FC今治だけがここで強くなったって面白くないな、と。地元の少年団、または中学校、高校のサッカー部も巻き込んで一つのピラミッドを作る。コーチを派遣したり講習会を開いたり……。その頂点に立つFC今治のトップチームが面白いサッカーをして強くなったら……どうでしょう？　おそらく全国から、いや、日本のサッカーはアジアでリスペクトされています。アジアから育成に入りたいという若者または〝岡田メソッド〟の勉強をしたいという指導者が集まってくるだろう。そういう集まってきた人たちをおじいちゃんおばあちゃんしかいなかったところへホームステイさせる。おじいちゃんおばあちゃんがスポーツマンの料理はどうしたらいいかと料理教室に行く。または英会話を勉強し始めたりする……。気がついたらこの17万の小さな町、今治が妙にコスモポリタンで活気がある、そんな町にならないかなと……〝夢〟が湧いてきました」

のどがカラカラに渇き始めている。心を鷲《わし》摑みにされているのが自覚できた。おそらくここにいる100人全員がそうだろう。岡田さんが広げ始めた風呂敷はまだまだ閉じなかった。

「……10年後にJ1で優勝することを目指します！　そしてそのときには4～5人の日本代表選手を出すようなチームになりたい。それと共に8年後にスタジアムを造りたい。そのスタジアムは総合スタジアムでホテルを併設したり、またはスタジアムの中にトレーニング指導ができるところ、分析ができるところ、治療ができたりする一貫した〝今治ラボ〟みたいなところ。

するとそこにはいろんなスポーツのアスリートが集まってくる。そうなればサッカーだけじゃないスポーツの力で地方を創生する。……そういうことができないだろうか。そういう〝夢〟を抱いています」

「また、今年の夏に育成の国際大会をここで開こうと思っています。海外から研修に来たりする人、海外遠征育成の国際大会などで国際交流を図ることによって、国境と言うボーダーじゃない別のボーダー、〝サッカー仲間〟と言うボーダーで平和に貢献できるんじゃないかと。こんな妄想に近い夢が浮かんできました……」

「……デカいことを言うなと思われるかもしれません。しかし、僕はこういうことを話すのもすべて根源は一つです。僕は長く野外体験教育、子どもたちや若者に野外体験をさせる活動、または環境教育をやってきました。私の年代は70年戦争がない。高度成長という最高の時代、銀座でタクシーにチケットを振っても止まってくれない。そんな時代を生きてきました。そして自分の3人の子どもたちにどういう社会を持たせるんだろうと考えたとき1000兆円の財政赤字、年金破綻、隣国との緊張、環境破壊……本当に一人の親としてこれでいいんだろうか。自分にできることは何か無いのか。そういう想いからすべての活動をやっております」

「僕がこういう夢をあちこちの活動で語っていたらいろんな人が賛同して集まってくれまし

た。またいろんな協賛社が資金面で支援をしてくださるようになりました。次世代に希望のある社会を作る。これは私たちの会社、【今治．夢スポーツ】の理念でもあります。そして（会社の）ミッションステートメントの中には私の想いを詰めました。そんな【今治．夢スポーツ】の中にあるFC今治のスタッフをご紹介したいと思います……」

ここまで約9分。

オーナーになったきっかけ、動機、展望、妄想という名の夢など自身の想いを一気に、そして滑らかに語った岡田さんのプレゼンは、その後のスタッフ紹介へと続いた。

そのスタッフも超がつく豪華さだ。〝岡田メソッド〟を具現化するスタッフとしてメソッド事業本部の本部長・吉武博文、アドバイザー・大木武などサッカー界では知らぬもののいない大物が入閣。

さらにオフィシャルパートナーの株式会社LDH（現LDH JAPAN）の紹介では若者たちに絶大な人気を誇るアーティストEXILE HIROさんのビデオメッセージが大型スクリーンで流れる。新ユニフォーム披露のときには同じくEXILE、GENERATIONS from EXILE TRIBE の白濱亜嵐さん（松山市出身）本人がサプライズで登場するなど、とにかくすべてが今までにない派手な演出や規格外のネームバリューで彩られた新体制発表となった。

鼻息荒い報道陣から矢継ぎ早の質問の数々

スピーチは約2時間。壮大な夢を聞かされた多くの報道陣にも熱が伝播したのだろう、その後のテレビクルーによる囲み取材もヒートアップした。

ステージ上のスポンサーパネルの前にはFC今治の紺色を基調とした新ユニフォームを羽織った岡田さんが立ち、たくさんのマイクが下から突き上げられていた。

誰に言うでもなく岡田さんが呟く。

「また、こんなのやることになっちゃったな（笑）」

関西人らしいリップサービスも彼の魅力だ。マスコミによる代表質問が始まる。

――凄い報道陣の数ですが、今日の感想を？

「自分でここまでできたらMCでも食っていけると思って。ハハハ。でも本当、ありがたいと思って今治の地方の四国リーグのチームに対してこれだけの皆さんに関心を持ってもらえたことを感謝しています」

――重なる部分がありますが、今回の挑戦にいたるきっかけを。

「ワールドカップが終わるたびに僕ら指導者ってのは喧々《けんけん》諤々《がくがく》と議論する中でまた同じこと

をずっと言ってる自分に気がつく。決定力がないとか。じゃあ1対1で入らないならどうするんだと。後は決めるだけって言って釜本（邦茂、元日本代表FW）さんはもう何年も出てこない。そしたらキーパーと2対1、3対1を作ろうよ、といった話をしている中で〝型〟というポイントが出てきました」

――どんなクラブにしたいですか？

「長期計画でも出したのですが、途中を省いて言うと10年後に25億円規模のクラブになってJ1で優勝争いをして、ACL（AFCチャンピオンズリーグ）で優勝争いをするようなチームになりたい。そして代表チームに4人、5人と選手を派遣するようなクラブになりたい。育成から上がっていく選手がどんどん活躍していくようなクラブを目指しています」

――それが実現可能だとお考えでしょうか？

「はい。不可能だと思ったらこんなことしていません（笑）」

――地域活性化の側面もあると？

「皆さんご存知のように少子高齢化、グローバル化による一極集中。特に地方のJリーグのチームは、縮小スパイラルへ入らざるを得ない。そんな中で新しいビジネスモデルを提示して地方のJリーグのチームが生き残って行けるものを掲げてみたい」

――一方で日本代表の監督になってほしいという声がいまだにありますが？

「日本代表はもう僕は絶対ないです。たまたまあのニュース（この日、八百長疑惑で日本代表監督を退いたアギーレ氏の後任人事について本田圭佑選手が〝岡田さんでもいい〟と発言）は家で見てたんです。家内と2人で。横で家内が独り言のように〝うちは関係ない、うちは関係ない〟って呟いてました（笑）」

――今治市の感想をお願いします。

「今治にはもう98年から、こちらの会社の役員をやって通っています。当時はまだ市役所の横に大丸があって今治デパートがあって。そこがみんな今更地になっています。海に近い商店街もシャッターが下りている。その現状をずっと見てきています。このままどんどん縮小していくのかなと寂しい気持ちがありました。やっぱりスポーツって（地方創生の）きっかけを作るツールになるんじゃないかと。ＥＸＩＬＥにしても松山でダンススクールやっていますが、ものすごい人気ですし、今ダンスが体育の教科に入ります。僕はサッカーだけなんて考えてないです。そのスタジアムに作った今治ラボにいろんなアスリートがやってくる。いろんなスポーツの力で全体の力で町を興していけば創生ってのができるんじゃないか、切り口として。そう考えて今やっています」

「さっき8年後にスタジアムを造るっていったのは、単にサッカーの試合だけではなくて。ヨーロッパはどこ行ってもチームが優勝したあとに集まるドゥオモ広場とか市庁舎前広場というのがある。ところが日本にはその広場がない。地域住民が集うコミュニケーションをとる場がない。そういうのは昔では寺社仏閣ですけど、町が大きくなったときにそれじゃ堪え切れなくなっています。僕はそういう場を作りたい」

――もう一つのクラブチーム、愛媛FCとの共存は？

「僕も最初にその質問を受けて、はたと気がついたんですよ。あ、そうか2つあったなと。でも、僕の頭の中では地元の今治をものすごく大事にしますけど、さっきも言いましたように外から僕のスポンサー、サポーターは全国、いや、アジア全部というイメージを持っています。だから愛媛FCさんとスポンサーの取り合いをするつもりもまったくないですし、愛媛FCさんがはやくJ1に上がって10年待っててくれと。10年後に行きますと。そしてダービー戦をやろうと。純粋にそういう気持ちで知事とかにもそういう話をしています」

――オーナーとなって3カ月、オーナー業の辛さは？

「めっちゃくちゃ大変。こんなに大変だと思わなかったですけど。時間がどれだけあっても足らない。それと（日本）代表の監督とかのプレッシャーっていうのは短期間にドーン！と来るんですけど、このオーナーのプレッシャーというのはジワジワと首を絞められていくような……」

――昨日の練習試合を見るとがらりと変わっていた。もう岡田メソッドを落とし込んでいる？

「彼らは今めちゃくちゃ頭を使って苦しんでいると思う。もうここ2週間で鹿児島遠征からかなり変わってきています。皆さんご存じないかもしれないが、彼らは仕事を持っていて僕が出している給料なんて知れたもの。例えば、鹿児島遠征行くときは給料補償出してやると。僕が1日3000円しかだせない、と言うとそれでガッツポーズしてくれるような奴らです。ある意味ものすごく純粋で、真剣に取り組んでくれている。だから……必ずいいチームになるって感じています」

予定時間を大幅に超えた囲み取材に対し、嫌な顔せず、一つひとつ丁寧に答えた岡田氏。そのすべてではなく、編集されてカットされて、どれか数秒だけが使用されることも当然わかっている。

100人以上の報道陣はさっそく、ネットで記事を配信するものやとんぼ返りで地元の放送局に戻り今日のニュースに間に合わせようとこの場を後にするドタバタの喧騒が小さなホールに再び響き始めた。

いきなり実現！　車内での独占インタビューに興奮

それは、この新体制発表が始まる直前のことだった。

数日前から岡田さんに密着取材をしていた日本テレビのあるプロデューサーからの提案だった。誘われるまま人気のないロビーの隅に移動したあと、彼はヒソヒソ声で私に話し始めた。

「申し訳ないんですけど、この後車一台空いていませんか？」

「実は岡田さん側から発表が終わってからの車の移動中なら単独インタビューしてもいいってOKもらってまして、でも肝心の車がないんですよ」

（よし！　これで岡田さんの貴重な話を直で聞くことができる）

待ち合わせの駐車場で待っていると、スーツケースをゴロゴロ引きながら先ほどまでスポットライトを浴びていた今日の主役がやってきた。

車中インタビューはＦＣ今治のことだけでなく、人間・岡田武史にも迫ることができた珠玉の時間でもあった。

――今日はメディアの露出も多い取材だったので重要な位置づけでした？

「やっぱり今の俺たちにね、こうやって資金面で協力してもらっているけど、その方に対して現時点ではまだしっかりした見合う対価を返せてない。だから、少しでもこういう形で露出をすることによってお返ししなきゃいけない、というのが僕の中にあるんだよね。やっぱそういうのに甘えていたら継続してやっていただけなくなるし。人は集まっているのに資金が集まらなきゃ、あいつら（チームスタッフ）食わしていけないしね」

――岡田さんの思いに共感された方が集まっていると思うのですが、その人たちの思いに応えたいですか？

「応えたいというか、その前に給料が払えない、来月もショートするかもしんないけど。俺の貯金がどんどん少なくなって家売らなきゃいけないかもしんねえじゃん(笑)。こっちも必死だからさ、あいつらにちゃんと給料払わなきゃいけねえから」

――オーナーって監督をやられていたときと思考回路はまったく違うものですか？

「まったく違うね、ホントに。監督のプレッシャーというのは、今日も言ったけど、短期間にドーン！　と来るけど、なんか先のことを心配してね、今からどうしようと。僕らの今やっているビジネスモデルは売る物がないんだよね。僕らは〝夢〟を、まあある意味エンターテインメントのコンテンツではあるんだけど、今は〝夢〟を売るしかないわけだから。皆さんにずっと夢を見ていてもらわなきゃいけない。今なんかまだ自分甘いんじゃないかと思ってるよ。ここに100パーセントつぎ込めてない。自分も食ってかなきゃいけないし、そういう仕事もしているから、やっぱり全身全霊をここにかけなきゃ、そんなに甘いもんじゃないだろうなって」

――ご自身に厳しいですね？

「厳しいというか自分に余裕があってオーナー業をやってるわけじゃなくて……しょうがないよね。こいつらのためにお金を集めてこなきゃいけないだろうし。それを片手間でやってるのにもかかわらずお金出してくれる人なんて少ないんじゃないの？　やっぱり必死になってやって、それで初めて〝まあしょうがないかな〟と言ってくれる……」

車内の誰もが聞き入っている。誤解を恐れずに言えば、〝岡田流人たらし〟の真髄でもある。彼に口説かれればこのチームに協力しようと思ってしまうスポンサーの気持ちが痛いほど良くわかる。

そんなわけで、少し和やかな雰囲気が車内に流れていた。

――元々ビジネスに興味はあったんですか？　サッカーの指導とは別のベクトルだと思いますが？

「ビジネス自体にはそれほど魅力を感じてないんだけど……今の社会？　資本主義社会にみんなが行き詰まってるって言ってるよね？　ピケティ（フランス人経済学者。『21世紀の資本』著者）も。じゃあピケティの言うように税制で格差をなくしたら平等になるかも知れないけど。今度は労働意欲落ちて社会主義的になってとか、それでまた資本主義ができて、というふうに循環しているんです、世の中は。そんな中で株式会社システムが行き詰まってるんじゃないかっていう……株式会社が国境を越えているし。つまり……次はこうなるよ、と言った人はいないじゃん？

その新しい社会というのは俺が思うにはおそらく〝心〟が絡んでくると思うんだよ。目に見える資本という売り上げだとか株価だとか、そういうビジュアルなキャピタルじゃない目に見えない資本、〝信頼〟だったり〝充足〟だったり。要は生存競争となるべき競争というのは絶対勝ち抜かなきゃとは思うんだけど。足るを知る、それ以上の競争に価値付けて一人とかそういうことじゃないメンタルに投資家も経営者もなっていかないとこの社会ってもたないんじゃないかと。そういう面での経営には興味を持ってるよね。ただ、そんな甘っちょろいこといってたら食わしていけないという現実も目の前にあって。これは〝生存競争〟だと思ってんだけど……」

その知識量に驚く。今治のグラウンドから愛媛、四国、日本、地球、宇宙……とまるで神の目線で俯瞰《ふかん》しているような話に少し戦慄を感じ、私の手は汗ばんだ。後部座席でビデオカメラを回し続けるTディレクターも同感だったのか、これ以上その話に踏み込むには勇気がいったのだろう、やんわりと話題を変えた。

――先日、僕がビックリしたのはミーティングのときに練習着を買う・買わないみたいな話で岡田さんが悩まれていて、サッカーのことを考えたいだろうなあと思ったんですけど。

「社長を雇えるんだったら雇いたい。優秀な社長を雇いたいんだよ。でも、そのお金がないから俺が兼務でやってるだけで。当然社長というのは収支の責任を持たなきゃいけないからオーナーはお金出す人、社長はお金稼ぐ人。それを一人でやろうとすることは普通はないんだけど、まあオレの場合しょうがないからやってるから、口をださなきゃいけない。僕は同じことをなかなか繰り返せないから新しいことをしたくなっちゃう。まあどっちかと言うと僕は定住民族じゃなく遊牧民だよ」

――でも失礼ながら岡田さんのように58歳で新しいことをやることに臆病になるのかなと思うんですが？

「僕はずっと組織の一員として生きてきてないからさ、ふと気がついたら、こんな年で周りは若いやつらだけど……一緒という意識はあるね。年功序列で上がってきたわけでもないし、その代わり定年もない。まあ良いか悪いかわかんないけどな……ところで、本田が何言ったの？」

ここで初めて岡田さんから逆質問。話題はこの時期、世間をにぎわせていた次期日本代表監督について。それまでのアギーレ監督は脱税問題で解任されたばかりで、当然何人かの候補の中に岡田さんの名前も挙がっていた。

――本田選手が日本代表監督の去就について聞かれて「岡田さんがやれるんであれば岡田さんでもいいと思う」と話して……。

「〝でも〟か？　生意気な野郎だなあ（笑）」

――「でもFC今治で新しい挑戦をするというのを聞いている」という話をしていました。

「(本田が)FC今治来るかな? ハッハハハ。月10万円、特別待遇だよ」

ここまでで20分近くが経過していた。

――岡田さんは愛媛県と関わりがあるんですか?

「ない。井本(雅之)さん(FC今治元オーナー、ありがとうサービス社長)との(早稲田大学での)関係だけ。俺、本籍は香川県の小豆島だから、隣の香川とは縁があるけど。生まれは大阪で小豆島は2回くらいしか行ったことないけど、直系長男はそこへ(籍を)置かなきゃいけないんだ、土地もあるし。不便だよ、戸籍取るのが」

――家ではどういう夫婦関係なんですか?

「なんだよそれ、夫婦だよ! 結構いろいろ話すよ。で、カミさんの意見結構強いよ。以前、代表(監督)なったときは〝断ってくる〟と言って家出て、受けて帰ってきちゃった。えらい怒られたよ(笑)」

初出場となる1998年のフランスワールドカップは、最終予選の不振で加茂周監督が更迭されたことによる突然のバトンタッチ。2010年の南アフリカワールドカップは、イヴィチャ・オシム監督が脳梗塞で入院した後、緊急登板で2度目の代表監督となった。いずれのワールドカップも前監督の交代でスクランブル登板だった。

引き受けたことで彼の人生が180度変わったことは確かだが、その経緯は、常人では受け入れがたい状況での決断だった。それこそ〝クレイジー〟であったはずだ。

さらに岡田さんがすごいのは、その土壇場でしっかりと結果も出してきたことだ。特に2回目の南アフリカワールドカップでは専門家が揃ってグループリーグ敗退を予想したが、堅守でグループリーグを乗り切り、国外で開催された大会で初めて決勝トーナメント進出を果たして世間の評価を一変させた。この年は「岡ちゃん、ごめんね」という流行語まで生まれた。

苦しいときこそ力を発揮し、人が避けたくなる困難な状況にも踏み込んでいく。今回のオーナー就任も彼らしい決断なのかもしれない。

――会見のときに仰っていた子どもたちに明るい未来を、という思いは強いのですか？

「誰でもそうだと思うけれど、特に俺ぐらいの年になると、結局人間は何のために生きているんだと考えるようになる。子孫のためだと思うんだよね。（北海道の）富良野にも今治にもあるけど〝自然塾〟というところのインストラクターをやっているんだけど、それは倉本聰（『北の国から』などの脚本家）さんらとやってるの。そこに石碑がある。〝46億年地球の道〟という460メートルを46億年に置き換えているんだけど、ずーっと地球の歴史を歩きながら説明するんです。そうすると何億年かかってできた石炭とか木や動物の化石を燃やし始めているのは産業革命から。そうすると（道にすると）0・02ミリしかないんです。こんだけ歩いてきてたった0・02ミリの中で起こっているのが今の環境問題なんだよ、という話をするんです。

その最後に石碑があって、それはネイティヴアメリカン、アメリカンインディアンに伝わる言葉で〝地球は子孫から借りているもの〟と書いてある。先祖から引き継いだものではなくて、未来に生きる子どもたちから借りているものだと。借りているものは壊したり汚したり傷つけちゃいけない。そういうのをネイティヴアメリカンは言い伝えてきている。（東日本の）震災復興行ったとき、十何回か震災復興のためのサッカースクールやってるんです。僕の野外体験の仲間なんて自給自足できるから翌日から入っているんです。遺体の処理とか手伝ったり。それで2週間くらい経ったときかなあ。ちょっと落ち着いた避難所があるから岡田さんが来たら（みんな）喜ぶというから、すぐにボールを積んで行きました。最初は避難所の中で写真撮ったりサインしたりしたら喜んでくれんだけど、本当の笑顔にはならないんだよね。先の希望が見えないんだもん。

そのときにグラウンドに出てサッカーやったこともない子も集めてサッカースクールやり始めると、いつのまにか避難所から全部の大人が出て周りを囲んで、最高の笑顔しているわけです。先に希望が見えないとき、人間の希望というのは子どもたちの笑顔だったり子どもたちが生き生きしている姿なんだなとすごい思った。自分たちがやらなきゃいけないことを、子どもたちにとってどうかということを考えたら、いろんな政策の答えは簡単に出るんだよ。そんな難しくないんだよ。ところが世の中ってそうは行かないんだよね……」

今日一番の長い沈黙が車内に流れた。

私も含め、ディレクターやスタッフなど車内全員が岡田さんの言葉を頭で反芻《はんすう》していた。じゃあ自分はどうなんだ。未来の子どもたちのために何かやっているのか。子孫から借りている地球のために何かやっているのか。

岡田武史と今治にできたドラマチック？　なつながり

次の言葉が出なくなっていると、岡田さんから沈黙を破ってくれた。

「今日、東京からも結構（マスコミは）来てたの？」

――はい、全局来てましたよ。皆興味ありますよ。

「ちょうどね、ネタのない時期選んだら、翌日ネタのない日選べって皆で探したんだよ。で、選んだらとんでもない、今日愛媛ＦＣの裁決が出るって。えっ！　何か俺らがいじめてるみたいになってしまうじゃんって。最悪の日を選んじゃった」

この年の初め、1月16日のことだった。地元J2のプロサッカーチーム愛媛FCは、2012年度が約3360万円の赤字決算を約50万円の黒字に、翌2013年度も約5980万円の赤字を約150万円の黒字と公表していたと発表。1カ月後のちょうどこの日、Jリーグ側からの処分内容が発表される頃だった。

（なお、この会計処理については組織ぐるみの意図的な粉飾ではなく、退職したクラブの元経理担当者にも過度の悪質性はみられなかったと認定された。Jリーグの村井満チェアマンは、今年度は愛媛の決算が黒字見通しであることから、ライセンス維持目的の不正会計とは異なるとの認識を示し、処分内容はけん責処分と制裁金300万円を科すこととした。その後、愛媛FCは亀井文雄社長が辞任、新社長に愛媛県サッカー協会会長の豊島吉博氏が就いた）

――今治の印象を教えてください。さっきの会見では真面目なお答えでしたのでざっくばらんに。

「今治はね、野外体験とかをやらせてるのよ。古田（敦也、元ヤクルトでFC今治のアドバイザリーメンバーでもある）に野球教室やってもらって、その子どもをつれて山の沢登りしたり、キャンプをしたりとか。一つの良さは海と山の両方がある。で、しまなみ街道と言う素晴らしい景観。心温まる土地だっていう印象がある。それと人が優しい。昨日、俺が取締役をしている会社の社長も『なんかできることありますか?』と見に来てくれて。『岡田さん、

（今治は）いいところですねえ』って盛んに言ってたんだよ。オレの後輩なんだけど。それから以前、忙しい中で22時くらいから駅前で飲んでたんだよ。そうしたらもう店は終わりです、と言われてしょうがないからタクシー乗って開いてるところにつれて行ってもらったら、（今治市）松本町に一個だけ開いてるとこあるんだよね。でもどこへ入っていいかわかんないから立ち尽くしてたら、変なおっちゃんが寄ってきて〝監督、こっちだよこっち！〟って。なんか一軒のスナックに連れていかれて、『どなたですか？』って聞いたら〝モっくんだよ、モっくん〟って」

（一同爆笑）

「そうしたらモっくんが〝俺はなあ鶏を25羽飼ってその卵で暮らしてるんだ〟ってどう計算しても暮らせんやろ！　って（笑）」

（一同大爆笑）

「それで結構呑んで。そしたらモっくんが〝先帰る〟って帰ったから俺らも帰ろうって。おあいそって言ったら、いやモっくんが払って帰りましたって」

（えーー!?）

「で、誰だ〝モっくん〟は？　って。〝モっくん〟を探せと。結局、ある建設会社の社長だったとようやくわかったんだけど。そういう親切なおっちゃんがいて（笑）。あれはびっくりしたなあ」

ここまででも十分貴重だったが、個人的にもう一つ知りたかったのは岡田さんとサッカーとの出会い。どこでどうサッカーと出会い、なぜどっぷりとはまるようになったのか。報道やネット、ウィキペディアではわからない本音を本人の声で知りたい。

目的の松山市内のホテルまでまだ20分近くはある。松山市内が近づき、信号待ちの車が増えて停車する時間が長くなった。聞くのならば今しかない。

——最初にサッカーに関わったのはいつですか？

「うん？……一番最初は中学生。小学6年生だったかな……。メキシコ五輪で（日本代表が）銅メダル取ったの。たぶんそのころがサッカー人気になって。で、中学校のときにそれまで（大阪の）南海ホークス子供会で野球やってたのよ。阪神にいた岡田（彰布）とは、俺が一つ年は上なんだけど。あいつも同時期にいて。あいつはリトルリーグ、硬球の方にいて俺はそっちいけなくて軟球でやってた（笑）。

後で話して〝何だよそのときいたのかよ〟って。だから（サッカーは）中学校から始めたんだ。ホントは野球部に入ろうと思ったけど俺の入った中学校はメチャクチャ柄が悪くて、バットで先輩に殴られるは、俺も気が短いから絶対なんか問題になるなと思った。姉が同じ中学校を卒業してて、卓球部のキャプテンをやってたから卓球部に入りなって。見に行ったら体育館でシュッシュッって素振りしてて、なんか暗いなあって。俺の性に合わんなあと思ってパッと下を見たらサッカー部が試合やっていたんです。でもタックルをしてからプロレスごっことかになるわけ、〝ワン・ツー・スリー！〟とかって。これメチャ面白そうだなあと思って。メガネかけてんのに入ったんだよ」

——大学でサッカー同好会に入ったのはどういう経緯で？

「高校のときにサッカー推薦で入れてくれる大学はあったんだけど、当時、『青春の門』（早稲田大学・五木寛之の小説）とかを読んでて、早稲田行きてえなあというのがあった。どうみても慶応の顔じゃねえしなあって（笑）。

サッカー部からは教育学部体育専攻があるからそれを受けろと言われたんだけど、（一方で）実業団からも何チームか（誘われて）。俺、高校生で3人だけユース日本代表に選ばれたうちの一人だったんだよ。当時はまあツッパってたんで授業料を払ってサッカーやるんなら金もらってサッカーやる！　といって（早稲田の）政経ともう一つしか受けなかったんだよ。

そしたら1年目は見事に落とされて。で、そのときの政治経済の教授が僕の恩師になる人なんだけど、手紙が来て〝君は政治経済学部合格の基準の半分にも満たない。1年勉強しても絶対無理だ。体育を受けなさい〟と来たわけだよ。

あったま来て。絶対受けてやるか！　と思って。2年目、同志社も受かってたから同志社でいいかなと思っていたら（早稲田の）政経だけ通っちゃった。まぐれで。でも、1年（サッカー）やってなくて10キロ以上も太っていて、もう大学生活をエンジョイしたいと思っていたんです。で、先輩が（サッカー）同好会に入っていたから入ったという経緯なんです。
そうしたら、ばったり（サッカー）協会の人に出会っちゃって、〝何してんだ？〟って。いや、同好会でやってますって言ったらえらい怒られて。〝明日サッカー協会来い！〟と言われて行ったら当時の長沼（健、元日本代表監督、第8代日本サッカー協会会長）さん、岡野（俊一郎、第9代日本サッカー協会会長）さんとかが並んで座ってて〝お前を何のためにユース代表に選んだと思ってんだ！　将来のために選んでんだ、お前がそんなに力ないのに選んだのは将来のためなんだ！〟ってえっらい怒られて。
その場で〝今から早稲田に電話するから直ぐ行け！〟とか言われて。まだ純粋だったし、うっせーんだよこのヤロウとか言ってたけど（笑）。でも、それでも純粋なところもあったから悪いことしたかなあと思って翌日からサッカー部に入ったんだ。だから今でも同好会の仲間ともよく付き合うよ」

――そのときの方が前のFC今治のオーナー？

「そうそうそう。そのときの1年先輩よ。同好会の。6月の早慶戦前にサッカー部入ったから……4、5……2カ月ちょいじゃない同好会にいたのは」

そこ（同好会）に入ってなかったらFC今治は……、と聞くと、「なかったね」と即答。

「すぐそうやってドラマにしたがるね」

――ホント、ドラマチックですよね～。

「な～にが、ドラマチックだよ」


20年近くこの仕事を続けてきたが、間違いなく一番中味のあるインタビューだ。

「到着まであとどのくらい？」

幸せな時間も残り時間が迫っている。

ラッキーで始まったこの岡田さんへの独占インタビューも前後半を経過しアディショナルタイムに入っていた。今日の主役をしっかりと目的地へお送りするべく車は松山の繁華街へと入っていく。

ネオンの数が飛躍的に増えてきた。

スポンサーとの会食場をスマホでチェックする岡田さん。紺のスーツと縁なしメガネは日本代表の頃と同じスタイルだが、今見る横顔はすでに監督ではなく、接待に向かう金策に悩むオーナーのそれになっていた。

坊っちゃん列車が汽笛を響かせながら側を通り抜けた。目的のホテルが見えてきた。今日の終着点だ。

いや、岡田さんにとってはこれからがオーナーとしての仕事の本当の始まり。今日の接待も深夜まで続くのは間違いなさそうだ。

ホテルのスロープにワゴン車を滑り込ませ、正面玄関に到着した。すぐに大きなスーツケースを下ろす。

「じゃあここで、ありがとうね」

我々と簡単な別れの挨拶を交わし、ＦＣ今治の新人オーナーの背中が松山の二番町の街へと消えていった。

こうして岡田さんとの濃密なファーストコンタクトが終わった。

第二章　プレシーズンから開幕まで

始動日はしまなみ街道をみんなでサイクリング！

２０１５年3月5日。

ＦＣ今治の選手全員が、戦いの神様を祀る今治市大三島の大山祇《おおやまづみ》神社までの約40キロをリ
イクリングしながら必勝祈願を行った。

今や世界的にもサイクリングの聖地として名高いしまなみ街道をトレーニングも兼ねたサ
イクリング。この必勝祈願は菅今治市長らも加わり、36人がユニフォーム姿で参加した。

「今年1年、我々は神様に恥じないプレーをするということを奉納しにいきたいと思います。選手の皆さんも脱落することないように、頑張ってください！　お願いします」

観光施設の「サンライズ糸山」でのスタート前に、そう意気込みを語った岡田さんは、途
中に疲れたといいながらも、約2時間30分で走破した。

この必勝祈願イベントには地元内外から20社近くの新聞、テレビなどがこの様子を伝えた。今年の四国リーグは1カ月後、4月5日に開幕する。

3月16日。

初めてのFC今治トップチームの練習取材。場所はホームグラウンドの今治市桜井にある「桜井海浜ふれあい広場」。松山からは車で1時間と少し。高速道路から今治小松自動車道の今治湯ノ浦ICを降りると、海側に左折して10分ほど、潮の香りがより漂い始めた先にグラウンドがある。

チーム専用のグラウンドではないが、今治市民が使用しないときや中学校、高校などの公式戦がないときは主にこの場所を優先的に使うことができる。

この日は岡田さんが以前2012年〜13年、2年間監督をしていた中国のプロチーム杭州緑城（中国での初の日本人監督でもあった）のU－17チームとのトレーニングマッチが組まれていた。

中国のチームがやってきたのも岡田さんの縁である。これも〝気がついたらこの17万の小さな町今治が妙にコスモポリタンで活気があるな〟と夢をみる岡田さんの頭のなかにある風景のひとつである。

キックオフが9時30分と早かったため、海沿いにあるこのグラウンドはまだうっすらと霧がかかっている。

グラウンドは、サッカーコートが一面取れるくらいの緑の人工芝。愛媛FCが四国リーグ時代だった1990年代にはあり得なかったが、今やこのカテゴリーでも芝のグラウンドを使用するのも珍しくない。四国リーグといえば、土煙舞う中でやるものだと思っていたオールドファンからすると隔世の感がある。

目線を上げると、向こう正面には背の高いヤシの木が白砂青松の桜井海岸に沿うよう均等に並んでいる。今日は曇り空。桜井のこの時期の朝はまだ寒い。ダウンジャケットを持ってこなかったことを悔やんだ。

恵まれているのは芝だけではない。入って右手には更衣室とシャワー室、会議室を備えた立派な施設まである。

入り口には手書きの看板がある。

この看板に揮毫《きごう》したのも、実は岡田オーナーだ。横長の看板には「桜井海浜ふれあい広場クラブハウス」と毛筆で書かれている。

おそらく、関係者が達筆な岡田さんにお願いしたのだろうが、まさかオーナーとしてこの場所にやってくるとは当の本人も夢にも思ってなかったはずだ。

グラウンドに目を戻すと精悍《せいかん》な若者が選手たちとは別メニューで一人ランニングをしていた。新加入の中野圭選手である。

中野選手は地元松山の出身で松山工業高校時代、全国でも屈指のDFとして高校選手権で活躍した。その後、高知大学では主将として全日本大学トーナメントに四国勢初の決勝までチームを導き念願のJリーガーになった。

モンテディオ山形時代の3年間、リーグ戦出場はわずか1試合だったがその後移籍した佐川印刷SCのJFL時代はベストイレブンにも選ばれるなどの活躍を見せた。

国体にも単独チームとして出場しているFC今治。2017年の愛媛国体の強化選手として県から派遣の形で今年から加入していた。

今日のトレーニングマッチの大きな目的の一つとして彼の状態を見てみたかったのだが、怪我で別メニューなのだろうか……。

と、想いをめぐらせながら観客席から見ていると、この日最初のサポーターが歩いてきた。以前からよく知る女性サポーターの方だ。

ベテランサッカーファンらしく、手早くリュックの中から折りたたみ式の小型チェアを取り出して（おそらく）いつもの位置に座った。

岡田フィーバーをファンはどう思っているのか。早速声をかけてみる。こんにちは。今日はどれくらいのサポーターが来ますか？

「見学者？　2～3人じゃないですか（笑）」

するともう一人。今度は男性サポが来場。こちらも一人用のチェア持参。

「体育施設の管理を選手たちがしてるんですよ。その職場が一緒なんで応援してるんです」

こんな大騒ぎになる前からのサポーターも少なからずいる。普段の選手たちをよく知っている人たちだ。

「選手は仕事としてNPO法人しまなみスポーツクラブだったり、ありがとうサービス（今治にある小売業者でチームのオフィシャルスポンサー）のブックオフとか焼き鳥屋の〝とり壱〟とかで働いてるんよ」

サポーターとしては突如岡田さんがやってきて周りが大騒ぎになった。大きな戸惑いはあったのだろうか。

「ビックリしすぎでしょ。ビックリの表現も違うくらい。どうなってるかわかんない」

それでも岡田さんが来てくれたことに喜びを感じているという。

「いやあ……いいんじゃないですか。良かったとしてもらわないと、ほんとに〝しまなみ（FC）〟時代からの子たちは報われない」

それは愛媛にフラれたから？

「そう！」

今治のホームグラウンドに足繁《しげ》く通う人々の苦い記憶

ここで少し説明をしなければならないだろう。

2009～11年の間、愛媛FCは今のFC今治の元である〝愛媛FCしまなみ〟をセカンドチーム（四国リーグ所属）として所有していた。しかし、当時の愛媛FC側の説明によると、将来的なJFAのリーグの仕組みとセカンドチームの在り方を考慮して、という理由で2011年末に有限会社アークへと手放した経緯がある。

その出来事はファンにも選手にも突然のことで戸惑うばかりだった。

その後、ほとんどの選手がチームを離れた。残ったのは今も選手として活躍する高田大樹と平家英紀。それに現在はスクールコーチをしている山崎史登のわずか3人だけだ。チームが一度消滅しかけたが、この〝スリー・サバイバー〟がなんとかチームの首を皮一枚でつなぎとめたという忘れられない悲しい歴史がある。

「だってお金がないからって地決（社会人大会地域決勝リーグ）に行かせてもらえなかったでしょ。（2011年四国リーグ）優勝して地決に行ける権利を取っといたのに。あの時の悔しい思いは忘れられない」

「四国リーグを優勝して地決や！ってみんな気合いを入れていたところに、ある日の練習の朝、（愛媛ＦＣから当時の幹部）２人がやってきてお金ないから地決辞退しますって。そのとき、シーズン終わってた黒潮（ＦＣ、現ｌｌａｍａｓ高知ＦＣでその年にリーグ２位だった）さんに迷惑をかけたんです。うちらが出ないので代わりに出てもらって。お金もいるのに……」

おそらく誰が悪いわけでもないのだろう。だが、誰もがいまだに飲み込めないまま心に引っかかっているトゲ。

このチームの歴史は意外に古い。

母体となるチームが創設されたのは１９７６年なので、大元をたどれば40年近くになる。最初の名称は地域の名前を取って「大西サッカークラブ」。その後、四国リーグ参戦を機により広域な名称にしようと１９９１年に「今越《いまお》フットボールクラブ」に変更。２００４年、より地域密着を掲げて「愛媛しまなみＦＣ」として同リーグを戦っていたが２００９年、アマチュアチームとして愛媛ＦＣの傘下に入ったことで「愛媛ＦＣしまなみ」になった。

２０１１年、チームはＪＦＬを目指して四国リーグを戦い、優勝。いざ次の大一番に向かうぞと意気込んでいた最中の年末に起こった突然の解散通告だった（翌年２０１２年から現木村孝洋監督を迎えて２年連続四国リーグを優勝。ＪＦＬ昇格をかけた全国地域リーグ決勝大会に出場したがいずれも１次リーグで敗退。昨年２０１４年の四国リーグは３位）。

四国を舞台にするリーグから全国を舞台にするＪＦＬに昇格してしまうと年間予算も大幅

に増える。地方クラブの愛媛FCにとってはJ2リーグで戦う自分たちの活動だけで精一杯、しかも、観客数が思うように伸びていないので資金が潤沢にあるわけではない。いわゆるどこにでもある地方の小さなクラブチーム。その中でも予算規模は最下位に近い。それなのに、さらにもう一チームを抱え込むには財政面での負担が大きすぎたなど手放す理由が理解できなくもない。

　とはいえ、このチームを昔から愛するファンにとって、また当事者の選手にとっては過去最大の悲劇であることには変わりはない。無理やり前向きに捉えれば、それがきっかけでチームのことを少しは知ってもらうきっかけになったとも言える。

「そういう今までいろんなことがあったけど悪いほうの波乱万丈はいらないから、いいほうでいろんなことが起こるのはいいと思う。全部前に向かう方向性を見失わなければいいと思う」

　それらをひっくるめて岡田さんに託すのだ。

「やってもらわないと困るし、今何よりも選手たちが一番楽しくやってくれていると思うし、ものすごい頭使って『大変』て言ってるけれど、楽しそうやから。選手を見ていたら大丈夫だと思う」

　チーム遍歴を知るサポーターゆえの、選手を我が子のように見つめる目線。大の大人をそこまで惹き付ける魅力がこのスポーツにはある。

一方、ＦＣ今治になってからのファンである男性サポーターは、こう話す。

「もともと仕事の関係でしまなみスポーツクラブが体育施設を管理している職員の中にＦＣ今治のキャプテン（稲田圭哉選手）がいて、ぜひ応援しに来てくださいってことで。そこから試合をちょくちょく覗きにくるようになって」

今ではこの男性もすっかりチームのファンになった。

「今までで一番多かったのはサンフレッチェ広島に勝った後（２０１２年天皇杯２回戦、２－１で広島を下す）。次の日の試合でここが一杯。今年の開幕戦は、３００人くらいはきますかね……う～ん来てほしい！」

辛い過去もあったけど、それでも今話している２人から今年に期待するワクワク感が自然と伝わってくる。

この時期に、しかも平日の午前中のトレーニングマッチを見に来るファンは〝にわかファン〟ではないのだろう。岡ちゃんが来てくれたのは当然嬉しいが、手放しで無邪気に喜ぶだけでなく、この大騒動をどこか冷静に俯瞰して見つめている愛媛のファンもいる。

Ｊリーグに昇格さえすればバラ色の未来が待っていて、何もしなくてもいつまでも順調にいくわけではないことを、この10年、我々愛媛のサッカーファンは愛媛ＦＣを通して見てきたからだ。もちろん、愛媛ＦＣが県民に与えた有形無形の恩恵は計り知れない。

しかし、あの２００５年のＪ昇格年に夢見た10年後の未来とはかなり違ってしまったことを知っている。

あの頃、あんなに熱かったファンの足がいつの間にか遠のくようになったのはなぜか。愛媛FCのホーム観客数は1試合平均2000~3000人。J2リーグでも最下位クラス。成績がパッとしない。いつも下位に甘んじている。手をこまねいているわけではないが、その特効薬を探せないままもがき苦しんでいる大先輩のクラブチームが同じ愛媛にはある。成績が悪いから人気がないのか、人気がないから成績が出ないのか。

ただ一過性のフィーバーだとそこから先が続かない痛い経験、クラブ経営の難しさを愛媛県民はみんな見ている。熱しやすく冷めやすい県民気質を踏まえたうえで10年、20年、100年続くサッカークラブを作らなければ意味がない。しかも、この野球王国で。

しかし――。

彼なら、〝岡ちゃん〟ならやってくれるのではないか。彼くらいの知名度と行動力があればわずか数年でやすやすとやってしまうのではないか。盲信的にそう思わせてしまうオーラが彼にはある。

開幕に向けて少しずつ伝わってくる地域の盛り上がり

キックオフは予定通り9時30分。

トレーニングマッチの結果は1本目が3―1、2本目は1―1。

2本目は選手を大幅に入れ替えたので結果に大きな意味はないが、内容は元Jリーガーの赤井選手や岡本剛史選手らを中心に圧倒した。相手はプロチームの下部組織とはいえ、高校生年代なので今日は調整と国際交流の意味合いも大きかったのだろう。

開幕までに気持ちのいい勝ち方をしておくことも大切だ。

ピッチ中央のベンチ横でカメラを回していると、一人の長身男性が近づいてきた。FC今治経営企画室の青木誠氏だ。

周りを囲っている金網に何やら横断幕のようなものを縛りつけようとしている。よく見てみると企業の名前や宣伝文句が書かれている。どうやらスポンサーのようだ。

「〝スポンサー幕〟というものを作らせていただいて掲載するんですけど、今までは向こう側（観客席側）だけだったんですけど、今シーズンは数が多くなりそうなので、こっち側も、あとゴール裏とかもちょっと掲載候補場所に入れています。

あとは、初めてなのでどの辺りが一番目立つのかな、と開幕に向けてシミュレーションしています」

プロのクラブチームだけでなく地域リーグレベルでも今時はスポンサーが付いている。しかもそれは一つや二つではなく数十社単位で付いている。

Jリーグとは違って電光掲示版でもなく看板方式でもない横断幕。地域リーグでもスポンサー幕が当たり前に掲載される時代になった。これも20年前の四国リーグでは考えられなかったことだ。

「まだスポンサーは30~40（社）くらいですね。（高知の）アイゴッソさんはうちより多いかもしれないです。アイゴッソさんのホームの時はブワーッと（スポンサー幕が）並びますね。運営面ではアイゴッソさんのほうがずっと先を行ってますね。高知にJ（チーム）がないので、全部アイゴッソさんに集まって、ちゃんとスタジアムDJもいたり、ハーフタイムには皆で歌ったりやってますね」

開幕までに間に合わせるのも彼の腕の見せどころだ。

「今スタッフの数は実質……4人ですね。毎日深夜というほどではないですけど休みは取れないですね。仕事は増える一方で。ハッハハ……」

青木は岡田さんが来る前からチームスタッフだった。FC今治になって2年目からいる古株だ。もともとサッカーには全く興味が無かったと笑う青木。

「前オーナー（ありがとうグループ）の会社の社員だったんですよ。で、出向のような形でここに。でも楽しみです。できなかったことが今はちょっとずつですけど、できるようになっている」

青木は話を聞きながらも手を休めることはない。選手だけでなくスタッフも体力勝負。憧れだけではできない過酷で地味な作業だ。

２０１５年の選手登録は全部で26人。

全員がアマチュア契約だ。午前の練習を終えた後、それぞれが職場へ向かう。地元の焼き鳥屋で働く者がいれば、２０１７年の国体選手として愛媛県から派遣された者や、チームの下部組織を教えるコーチとして働く者もいる。

元Ｊリーガーは、愛媛ＦＣにいた赤井秀一選手、岡本剛史選手とモンテディオ山形にいた中野圭選手の３人。

この３人がチームの中核を成していた。

チーム最年長の赤井選手は２００４年、当時ＪＦＬに所属していた愛媛ＦＣに加入。攻撃的な選手として愛媛ＦＣのＪリーグ昇格に貢献し、その後８年間プロの世界で活躍。Ｊ１経験は無いが計算できるユーティリティな選手として、またアマチュア時代を知る〝ミスター愛媛ＦＣ〟としてファンに愛された。一昨年、惜しまれながら退団し、ＦＣ今治に加入した。今年９月で34歳になる。地方のクラブチームが昇格するまでをアマチュアとして、またプロとして体感した貴重な中心選手。

愛媛ＦＣ時代から付けている16番をここでも背負っている。今はＦＣ今治のスクールコーチとして働きながら試合にも出場している。

今日のトレーニングマッチは１本目で役割を終え、ピッチ脇で天崎トレーナー（済美高校出身）からマッサージを受けていた。

「今年は新しいことにいろいろチャレンジしているんで、まだ完全にチームとしては仕上がってないですけど、やりながら話し合いながらやってる感じですね」

プレーをするポジションも中盤の位置を得意とする選手でチームのかじ取り役、いわゆるボランチをしていた。チームのカラーが最も表れるポジションとも言える。

開幕を前にして〝岡田メソッド〟がどこまで浸透しているかは彼にかかるところが大きい。天崎トレーナーが太ももの裏あたりを強く押さえると苦悶の表情を浮かべた。

北海道の名門少年団時代（SSS札幌）からずっとサッカーを続けてきた。愛媛FCがアマチュアだった時代から在籍しチームとともに念願のプロになった。9年のプロ生活を終えて退団し、アマチュアに戻った。愛媛FCにいたときよりカテゴリーは2つ下がったが、それでも好きなサッカーを続けていられる。

満身創痍は昔から慣れている。アマチュアではあるが全国的に注目されるチームに突然なったことは元プロとして嬉しいことには間違いない。

Jリーグに昇格するためにはその成績だけでなく、ホームスタジアムの有無さらにそのスタジアムが規定にあった規模なのかが大きく関わってくる（例：入場可能人員J1は1万5000人、J2は1万人を上回っていること）。

愛媛FCもJFLから昇格するときにスタジアムの規模が規定にそぐわず悔しい想いを経験している。この時点で松山市にある愛媛FCのホームスタジアム「ニンジニアスタジアム」以外にJリーグの規定をみたすサッカー場は愛媛になく、FC今治のホームグランド（桜井海浜ふれあい広場サッカー場）は公式には約1000人収容とあるが、とてもプロリーグに対応できる施設ではない。

本気でプロサッカーチームを作るとなれば昇格するための成績と同じく、絶対的に必要なものがホームスタジアム。今から近い将来にスタジアムを造ります、という具体的なビジョンを示すことであった。

監督、事業本部長、選手たちそれぞれの思い

3月31日。開幕まであと6日。

ホワイトボードを持ちながら木村孝洋トップチーム監督と吉武博文メソッド事業本部長が練習場に並んで出てきた。全員で円陣を組んだ後、4人ずつのパス回しが始まった。

チームを率いて4年目の木村監督は広島出身の57歳。サンフレッチェ広島やFC岐阜の監督として覚えている人がいるかもしれない。

また、サッカーに詳しい人なら岡田さんがオーナーになったことと同じくらい吉武さんが

コーチになったことにも驚いた人が多かったはずだ。

大分出身の吉武博文氏はこのとき54歳。中学校の先生からサッカーの年代別代表監督を務めた異色の経歴を持つ育成年代の名伯楽だ。特に2011年南野拓実（リバプール）ら「94年組」を率いて17歳以下のワールドカップで若き日本代表が18年ぶりのベスト8に進出。敗れた準々決勝ではブラジルをあと一歩まで追い詰めた。

他にもJリーグの甲府や清水、京都でも監督を歴任し、2010年FIFA南アフリカワールドカップで岡田監督の右腕となり、ベスト16に導いた大木武氏（53歳）。そして、プレー分析と戦術的コンサルティングを担当するのが、FCバルセロナでカンテラ時代を過ごしバルセロナのサッカーを熟知したフェラン・ビラ・カレラス氏。またJFA指導者養成ダイレクターを3年間務めた眞藤邦彦氏（61歳）らなど。

いずれも一線級の3人がアドバイザーとしてチームスタッフに入閣。岡田さんだけではない、この〝サッカー育成界のスペシャリスト全部乗せ〟のような超豪華スタッフ陣こそがFC今治のメインディッシュなのだ。

吉武さん以外は常駐ではないが、あの吉武さんから直接注入される〝岡田メソッド〟。地域リーグレベルでは到底考えられない、J1選手も羨《うらや》むような指導者から受ける恩恵は計り知れない。今、選手たちはその豪華スタッフからの言葉を一言も漏らすまいと集中しながら練習に取り組んでいた。

「そうグッド！　４対２でこの幅でできれば絶対に取られないよ〜、そうそう」

腕組みをしながら積極的な声掛けをし続ける吉武氏。

「そこでこう下がるでしょ？　そこでどっちから（パスを）通したらいいか考えて。で、こっち側にいる人はずっと立ってるのはダメ。横に入っていって、こう。横に入りながらこう（前に）走る。そこのピンポイントが合うか合わないかだから。じゃあ、やろう！」

わずか１カ月では到底浸透しきれないほど多岐にわたる岡田メソッド。そのメソッドをできるだけ早く身につけるにはどうすればいいかを、スタッフたちも模索中だ。

「（開幕まで）１週間を切りましたので、これまで数多くの練習試合も重ねることができて、最終的には公式戦に向けて最終調整をしている状況です」

実直を絵に描いたような、物腰の柔らかい姿勢が常に変わらない木村監督。今年は今までと数段違う注目度の高い開幕になる。

「確かに注目が高くなって我々を応援や支援をしてくださる方も去年より増えていると思っています。ただ、我々グラウンドでプレーする選手、コーチはまずリーグの試合に向けていい準備をして結果を残すことに焦点を合わせていけたらと思っています」

Ｊ１経験のあるベテラン監督もいまだ岡田メソッドの途中にいる。スタッフの中ではチームのことを一番把握している。突如現れた豪華なスタッフに戸惑いもあっただろう。

木村監督と同じように誠実さと実直さを兼ね備えたのがキャプテンの稲田選手だ。

「みんな頭では理解しているんですけどそれを表現するのにまだもう少し。考えながらやってるので、それが自然とできるようになったらもっといいものになるんじゃないかと」

高知高校時代、全国高校サッカー選手権大会であの本田圭佑選手がいた星稜高校に1－0で勝利したことがある。その後のサッカー人生は、大きく分かれたかもしれないが、チームのリーダーとして迎えた今年は本田選手が率いる星稜高校に勝ったときくらいの充実を感じている。

「4月からできる今治市の施設管理の仕事をしているので、同僚の方からもがんばってねと言われます。それに去年はこの時期にこんな取材もなかったような……（笑）」

マスコミが大挙しても浮き足立つようなことはない。熱しやすく冷めやすいファンやマスコミの熱は高校時代に経験済みだ。

豪華なスタッフ陣の中で常勤としてチームに直接〝岡田メソッド〟を注入しているのは吉武博文氏だ。前述したとおり彼もまた世界レベルの指導者だ。なぜこの今治に彼がやってきたのか。

「岡田さんがオーナーになるときに声かけてもらったんです。常々、日本のクラブで世界を目指すようなクラブ、いいクラブを作れるのは岡田さんか中田ヒデしかいないと自分は思っていて。それは2つ理由があって。一つはサッカーをよく知っている人がオーナーにならないと良くないということ。お金がないとこういう夢はなかなかできない。じゃあお金が集まることを考えると、今のところ日本で言えば、サッカーを知っててお金が集まるのは岡田さんと中田ヒデの2人しかない。その一人がクラブを始めるという話を聞きまして、たまたま岡田さんから一緒にやらないかと。〝夢スポーツ〟という会社だし、2つ返事でやりたいなと」

今治という町も気に入った。そこに集まるスタッフとやる人生最後の仕事。サッカーに関わって約30年の経験を全部落としていきたいと思いやってきた。

「生まれながら何かを持っている選手じゃないとできないというメソッドは作りたくないんで。今、日本全体で団体戦で優秀なものがあるのかといえば、ないですよね。でも、日本人の気質からすると団体競技のほうが得意なはずだと思うんです。3人集まったらメッシやロナウドに勝てるかもしれない。そういうメソッドなので。でも、融合しなければそれはただの人。それを含めて〝メソッド〟と呼びたいと思っています」

ここ今治はスポーツ不毛の地ではない。野球文化は昔から根付いている。だからこそやりがいはある。だが中途半端な気持ちじゃできない大プロジェクトだ。

「人生最後の大きな仕事だと思っています。感動を与えられるかどうか。試合を見にきてもらって、もう1回見にいきたいねという気持ちになるかならないか。〝パッション〟という気持ちが観戦文化の中で大事だと感じています」

こちらの質問にほとんど考えることなく、的確に素早くコメントを返してくる。恐ろしく頭の切れるクレバーな指導者という印象だ。

彼も岡田さんと同じ目線、同じ熱さで夢を語る。年齢は岡田さんより3つ下。国際大会での好成績やハイレベルな戦術はサッカー界でも屈指。このまま十分に安定したキャリアを積み重ねることができたはずだが、最後の大勝負として今治にやって来た。

彼も岡田さんと同じ〝じっとしていられない遊牧民族〟の一人だ。

いよいよ、FC今治という名のタンカーが大海原を目指して出港する日が近づいていた。

第三章　開幕〜シーズン前半まで

一つの負けも許されない〝突出した3強〟の四国リーグ

4月5日、第39回四国リーグ第1節。
試合前に行われた開会式には四国リーグに参加する全8チームが集まった。今年の四国リーグの顔ぶれは昨年順位で紹介すると次の通りだ。

高知UトラスターFC（昨年1位）
アイゴッソ高知（同2位）
FC今治（同3位）
R・VELHO（アルヴェリオ　香川・同4位）
多度津FC（香川・同5位）

llamas（リャーマス高知FC・同6位）
中村クラブ（高知・同7位）
ロッサライズ　KFC（高知・県リーグから昇格）

県別では高知が最多の5チーム、香川は2チーム、愛媛は1チーム。徳島はプロチームの徳島ヴォルティスがあるだけで四国リーグ参加チームはない（ちなみにこの時点でJFLチームは四国にはない）。

FC今治は、開会式直後に試合を控えていた。

JFL、プロリーグなど数々の舞台で開幕戦を経験している赤井選手の表情はリラックスしていた。

「チームはいい状態です。自分のコンディションもバッチリですしチームも少しずつ上がってます。今日はがんばります！」

チームリーダーの稲田主将にとっても戦い慣れた舞台だ。観客席にいるサポーターから健闘を祈る声に笑顔で頷き返した。

最も緊張していたのはFW岡本選手だ。いつもの〝ダケシ・スマイル〟は消え、明らかに表情が硬くなっている。

「プレッシャーもあるんですけど、皆で楽しんで勝ちたいと思います。自分のコンディションもたぶん良いので、あとは試合で今までやってきたことを出せるか……」

最後は消え入りそうな声になったが、ネイマール風に刈り込んだヘアスタイルには今日への意気込みが表れていた。

アウェイに乗り込んだ馴染みのサポーター4人から激励を受けてロッカールームへと消えていった。前泊組と早朝の愛媛出発組という4人はすでに12番がプリントされた紺色のFC今治の新レプリカ・ユニフォームをお揃いで着ている。

昨夜の雨に濡れた観客席にお客さんはいない。プロリーグのように試合前から大応援団のチャント合戦があるわけでもなく、場内DJによる派手なパフォーマンスがあるわけでもない。

試合開始直前、チームスタッフとともに岡田さんがやってきた。木村監督と挨拶を交わし、選手のロッカールームへ向かい声をかける。

「おお、こんな感じでやるんだな」

岡田さんはスーツでもなくユニフォームでもなくカジュアルな服装だが、心なしか高揚しているように見える。

「自分がやるんだったらまだ楽だけどね。なんかドキドキしてるねえ。どうなるかねえ。チームはぜんぜん見てない、見てない。それどころじゃなくてオーナー業が忙しくて……。まあ勝負だからわかんないけど。選手は全力を尽くしてくれると思うしこっちは応援するだけ！　あれ？　他のみんなどこ行った？」

まるで運動会当日を迎えたお父さんのようにウキウキとドキドキが入り交じった表情で右に左にせわしなく動きながら、ミックスゾーンで関係者と一通りの挨拶を交わす。そして、おそらく現役時代、監督時代常に儀式としてやっていたようにまっすぐにピッチに歩いていった岡田さん。

いちばん手前の芝生の長さと柔らかさをつま先で確認した。トントン。

空は一面の曇り空。今日の芝は湿っている。

「結構いいねえ」

そして、ピッチ手前のテントの中で準備をしていた工藤直人コーチに声をかける。

「いっぱい付けてんねえ、前も後ろも（笑）」

コーチが着ている練習用のジャージにはスポンサーの名前が所狭しとプリントされている。

〝オーナー岡田〟としてこの数カ月奔走した結果を誇らしげに見ている。

「9（社）入ってます！」

工藤コーチも笑顔で返す。

「俺が（ユニフォームを）着てていっぱい（スポンサーロゴを）付けさせられたときは頭きたけど、今俺が付けさせてるからな。もっとスポンサー取ってこようかな～、空いてるよなこの辺り」

と、冗談めかしながら工藤コーチの左袖をなでる。もう完全に頭の中は〝オーナーモード〟。しかも短期間でこれだけのスポンサーを獲得するという敏腕オーナーだ。

開幕戦の難しさ。緊張感からガチガチになってしまう選手も

【4月5日(日)第1節　R・VELHO　0-3　FC今治】

FC今治の開幕戦は快勝だった。

四国リーグは大雑把に言うと3強5弱に分けられる。3強とはJリーグを目指していると公言している3チーム、高知Uトラスター FCとアイゴッソ高知、そしてFC今治である。

昨年の結果を見ても、勝ち点差でこの3チームの力が突出している。他の5チームに負けないことはもちろん、どれだけ得点を挙げられるか、また、上位3チームに対して〝直接対決で負けないこと〟がリーグ優勝するための絶対条件となる。前期後期ホーム&アウェイで戦う合計14試合。なるべく星を落とさないこと。1敗でもすれば黄色信号、2敗してしまうとJFLへの道は絶望視される。この辺りがJ1ともJ2とも違う地域リーグならではの醍醐味といえる。

今日は結果的に快勝ではあったが、細部を見れば、前半からボールを保持しながら圧倒的

に攻めて決定機を作ったが無得点だった。これにはスタンドから見ていた岡田さんも何度も頭を抱え、ハーフタイムに入ったときには吉武本部長を経由して木村監督へ指示を出すシーンが見られた。

この指示が功を奏したのか後半早々の3分。17番高橋康平がセンターサークル付近で奪ったボールを思い切って打ったロングシュートが決まり待望の先制点。

その後も攻め続けると、相手ペナルティエリア内で8番高田が倒されて得たペナルティキックを10番岡本がきっちりと決めて2点目を奪取。ダメ押しはその5分後。19番長尾善公がドリブルで持ち込み、中央でフリーになった岡本が合わせて3点を奪った。

終始厳しい顔でピッチを見つめていた岡田さん。

元日本代表監督の船出ということもあり、スポーツ紙やテレビ局など20人近くが試合後の岡田オーナーを取り囲んだ。

「まあ……勝ったっていうことは良かったと思うんですけど、まだまだ力を発揮してくれてないと思うんでね。（ハーフタイムに）たいしたことは言ってないけど、まあ監督よりイライラするね（笑）。ダメだなこりゃ、向いてないな、オーナーは」

鳴物入りのお騒がせチーム、初陣は上々のスタート。しかも選手でも監督でもない、オーナーとして初のメモリアルな1勝だ。

マスコミも想像よりは少ない数だった。また、サポーターもいわゆるゴール裏に陣取り太鼓をたたいてコールを送るようなコアサポーターはわずか3人。スタンドを見渡してもFC今治のスタッフを入れて40〜50人だった。

しかし、その誰もが新生・FC今治の進水式を見届けた歴史の目撃者だった。

再三仲間にチャンスを作ってもらいながら逸機してしまったフォワードの岡本の弁である。

「(前半は) 僕が大チャンスを外しちゃったんで、もうヤバいなって。岡田さんに見られていたのはめっちゃプレッシャーでした！」

大きなプレッシャーの中、まずは最低限の結果を出した木村監督。

「もっともっと点が入ればもちろん良かったなあと思うんですが、前半0-0だったんで3点ちゃんと取ったってことは評価したいです。前後半の戦い方は基本的には一緒です。ただ、サイドをもっと使いましょう、相手の弱いところと我々の強いところをもっとはっきり意識しましょう、という点の変化はあったかもしれません」

次はホーム開幕戦が待ち構えている。短い期間で調整ができるのか。チームにはむしろ不安のほうが大きくなっている。

選手を乗せた大型バスが会場を後にする。

「FCイマバリッ！　FCイマバリッ！」

手拍子とコールで見送る2人のサポーターと、お揃いの新レプリカ・ユニフォームを着た約10人のサポーターがチームバスを送り出していた。

【4月12日(日) 第2節　FC今治　－　多度津FC】

いよいよホーム今治での試合がやってきた。待ちに待った地元での新生・FC今治の初披露である。

キックオフは午後1時30分だったが、岡田さんはその6時間以上前から桜井のグラウンドに姿を現していた。

実は、試合前に脳性まひ者を対象にしたサッカークリニックとエキシビションマッチがあり、サッカークリニックでは岡田さん自身が参加者を指導するイベントがあったのだ。「スポーツを通じた社会貢献をしたい」と言っていた岡田さん。サッカークリニックを前に岡田さんは自ら率先してコーンを運んだりして会場の準備を手伝う。

準備が整ったところでセンターサークル近くにFC今治U－13の子どもたちとCPサッカー脳性まひ7人制サッカー（比較的軽度な脳性まひ選手がプレー）の選手たち、計30人ほどがユニフォーム姿で体育座りをしている。

「えーおはようございます！」

〝DREAM AS ONE〟と胸にプリントされた青いTシャツを着た岡田さんが子どもたちに声をかけると元気な声が返ってきた。

「今、紹介してもらった岡田と申します。今日はね三菱商事さん、東京の会社なんだけど、その三菱商事さんが、昨年からここにあるように〝DREAM AS ONE〟というプロジェクトを始めています。これは障がい者スポーツを応援する、障害を持っている子どもたちにちょっとでもスポーツをやってもらおうと――」

挨拶が終わると、今度は岡田さんが率先して見本を示す。右に左に華麗なステップでボールをドリブルしていく。

「さっきのドリブルと違いがわかる人？」

「顔が上がってる！」

周りを囲む子どもたちが即答する。

「そうだよね。サッカーって周りが見えてないとパスも出せないし、どこにフリーの選手がいて、どこに敵がいるのかわかんないよね」

笑顔で再びドリブル練習に散らばる選手と子どもたち。その後のエキシビションマッチでは、岡田さんはベンチに座りながらマイクで試合実況をするなど精力的に参加者と交流した。

「僕たちFC今治もいろんな意味で社会貢献していきたい。それをミッションステートメントに入れてますし、まずは地元の人たちに愛されて支持されないといけないんです。まだ企画段階ですが、海岸の掃除だとか、ボランティア活動を地元の人と一緒にやったりしたいんです」

岡田さんが言っていた〝スポーツ仲間というボーダーで平和に貢献できるような〟交流。

何かが動き始めたことを感じ取っていたのは自治体も同じだ。

「ホーム開幕がいよいよだなあと思って駆けつけました！」

地元開催には菅今治市長も来場していた。

「岡田さんが来てくれてサッカーで盛り上げようと言うのはありがたいです。当初は驚きましたが、着実に物事を進めていっていただいています。今治タオルにしてもバリィさん（今治市で生まれたキャラクター）にしても、今治がずいぶん元気になったねえと言っていただいています。なでしこジャパンジュニア〝ＪＦＡアカデミー〟も開校しました。サッカーが今治に大きな活力を与えてくれつつあるなあという感じがしています」


クリニックが終わった頃、今度は試合へ向けての準備が始まる。

ピッチの端で会場の準備をしているのはＦＣ今治の選手たちだ。このあと出場するスタメン組も控え組も関係なく全員で準備をする。

「これ、アウェイ用のテントです。相手チーム（多度津ＦＣ）のを今作ってます」

赤いニット帽をかぶっているのはエースの岡本選手。これが今の自分たちの現状だ。すべてが手作りの四国リーグ。

選手たちがテントを張り終えた頃、例年とは違う異変が会場で起こっていた。

駐車場は自家用車ですでにほとんどが一杯になっていた。さらに、大型や中型を含めバス

ホーム開幕戦の前に行われてた〝DREAM AS ONE〟のサッカークリニックで、ドリブルを披露する岡田さん。写真●南海放送

が到着するたびに応援団がひっきりなしにたくさん降りてくる。

試合開始1時間前には6段のコンクリートでできた観客席はあっという間に観客で埋め尽くされていた。さらにお客さんは増え続け、観客席に座れなかった人たちはなんと、ライン際の芝に直接座るという〝砂かぶり席〟に座る突貫対応となった。しかも、その列は二重にも三重にもなり、サッカーの公式戦では普通は考えられないがゴールの真裏にまでお客さんが溢れかえっていた。

結局、観客数はアマチュアの地域リーグとしては異例の約880人が詰めかけた。もちろん過去最高の観客数。年代も子どもからご老人まで様々。前節の高知の試合の10倍、300人くらいは入るかな？　という関係者と私の予想を大幅に超えていた。

「こんなに地元が盛り上がったことは無いので、皆が関心もってお客さんも増えてきたらいいなと思います！」

「西条から初めてきました！　岡田さんがオーナーに就任したから来ようかなと。下部からの育成を予定しとるようだから、そういうところを期待したいね」

いかにもサッカーが好きそうな中年男性やこの盛り上がりにつられて初めてサッカー観戦に訪れたファミリーなどがいた。しかし、今日はやけに若い女性の姿が目立つ。しかも彼女たちはサッカー場によくいるタイプではなく、どちらかというとアイドルのコンサート会場にいるような雰囲気。黄色い声援を飛ばしている対象は、どうやらそれは岡田オーナーでも選手たちでもないようだ。

「GENERATIONSの皆さんです。あそこに並んでいます！（今日は彼らを見に来た？）はい！」

FC今治のスポンサーには若者たちから絶大な人気を誇るあのEXILEやGENERATIONSらアーティストが所属する総合エンタテインメント企業LDHが名を連ねており、この日はなんと地元、愛媛出身の白濱亜嵐さんや関口メンディーさんなどメンバー全員が応援に駆けつけていた。

ハーフタイムにはFC今治のユニフォームを着た彼らがピッチに登場。

「精一杯声を出して応援していきたいと思うので、両チームの皆さんベストを尽くして頑張ってください！　お願いします！」

きっかけはどうであれ、岡田さんの狙いとしては、まずはお客さんに見てもらうこと。初めて見にきてもらったファンが定着するかどうかは選手たちのがんばり次第、試合内容に懸かっている。

その期待に、FC今治の選手たちはゴールラッシュで応えた。

13時30分、超満員の中キックオフ。

開始1分のコーナーキックで岡本選手がいきなりゴールを決めると、9分にも岡本、20分に乙部翔平、31分にはまた岡本。岡本は前半だけでハットトリックを達成して6－0とした。

後半にもゴールを重ね、結局8－0の圧勝。地元での開幕戦を勝利し、開幕2連勝を飾った。

「なんかすごい迫力があったね。点がいっぱい入ってビックリしました！　来週も来ますよ、これから追いかけます！」

若い女性も子どもたちも初めてみたFC今治のサッカーに心を奪われていた。

「凄かった！　10番の選手がハットトリックしたのがカッコよかったです」

「岡本選手がカッコよかったです！」

一方、試合後の岡田オーナーは来賓たちへの見送りや挨拶を終えると、観客が選手たちに直接サインをもらったり、交流をしている観客席へと早足で赴き、そして深々と頭を下げた。

「どうもありがとうございました！」

勝利の余韻に浸るたくさんのサポーターたち一人ひとりと握手をしたり、お礼を述べたり、求められればサインに丁寧に応じたりするなど、直接感謝の気持ちを伝える。

上機嫌の岡田オーナーは当初予定になかったマスコミの囲み取材も受けた。

「まず、今日ここの開幕ってことで、1週間どれだけのお客さんが来ていただけるのかという予想がたちませんでした。お客さんが来ないのも寂しいし、たくさん来すぎても困るなという万全の準備をしようと。それでトイレを用意するなどいろんなことをやってきました。スタッフは寝ずにがんばってくれましたが、その甲斐あってといいますか、ホントに880人ということでありがたい数字です。こんなにたくさんの人が来てくれたことに対しては、社長兼オーナーとして本当にありがたいことだと感謝しております」

この日はサッカークラブの先輩である愛媛FCからスタッフのヘルプをお願いしていたおかげもあり、大きな運営上の問題は起きなかった。

安堵と満足の表情を浮かべる岡田オーナー。これまでの監督時代なら決してやらなかっただろう会場の設営、トイレの準備、お客さんへのサービスなど、サッカーの試合を運営して、自分のチームがホームで勝ってたくさんの人が喜んでくれる。このチャレンジを決めたときに「止めておけ」と反対する意見もあったが、人生を賭してここにやってきた意味を改めてかみ締めていた。

岡田さんにとっても長くて特別な一日が終わった。

ライバルのアイゴッソやトラスターとの手に汗握る首位攻防戦

【4月19日(日)第3節　FC今治　8-0　ROSSO RISE KFC】

【4月26日(日)第4節　FC今治　7-0　中村クラブ】


開幕から4連勝。順調なスタートを切ったFC今治。先述したように、実際は3強の優勝争いなのでここで一つでも落としているようでは話にならない。

次の試合はともにプロチームを目指す強敵アイゴッソ高知（昨年2位）、続いて高知Uトラスター（昨年1位）との天王山第1ラウンドがやってくる。

昨年からアイゴッソ高知はセレッソ大阪や京都サンガF.C.で経験のある西村昭宏氏を監督に迎えチーム強化にも本腰を入れ始めている。

お互いにとって絶対に負けられないアウェイゲームが続くことになる。

大一番を前に〝岡田メソッド〟の浸透具合はどうなのか練習場へ向かった。


5月4日、今治市朝倉グラウンド。

練習開始予定の少し前午前10時ごろに着くと、選手とスタッフは全員隣接するミーティングルームにいた。外から中を窺うと吉武本部長が選手たちを前に話をしているようだ。雨上がりであったこともあり、少し遅れてグラウンドに出てくるのかなと所在無さげに一人カメラを持って外で待っていると、

「良かったらミーティングの様子撮ります？」

と、工藤直人トップチームコーチが声をかけてくれた。

もちろん二つ返事で部屋へお邪魔する。

正面では吉武本部長が、サッカーコートが描かれたボードを持ちながら選手たちに話をしている。

赤と青のマグネットが22個貼り付けられたボードで試合の場面を細かく想定しながら選手に聞いていく。

「……じゃあ、この選手のマークは、ホントは誰？　内側絞ってる。誰？」

「サイドバック……」

全員が彼の持つボードを注視している。全員の顔を見渡す吉武本部長。元教員らしく説明が明瞭でわかりやすい。誰も無駄口をたたくものはおらず、時々遠慮がちなしわぶきが〝教室〟にこだまするだけだ。

続いてモニター画面を使って次の相手の試合映像を流していく。

「こんな感じだっていうイメージをしてもらって……いい？　はい、奪いました……縦に速いボールね。もうワンパスでギリギリまで」

再生ボタンと一時停止ボタンを繰り返しクリックしながら話は続く。ＦＣ今治が標榜するチームカラーにもっとも近いのだろうスペインの名門、ＦＣバルセロナの映像を見ながら、終盤はほとんどミーティングが行われた。

10分ほどで終わると思われたメソッドミーティングはたっぷりと1時間近く行われ、素人の私にとってもとても興味深い貴重な時間となった。

頭の体操をみっちりとやった後は実際にグラウンドで実践をする時間だ。授業を終えた生徒たちが休み時間に運動場に出てきた。詰め込みすぎた頭を解すように、まずはグラウンドの周りの集団走から。今日はランニングとハンドパスのみの軽めのメニューだと、木村監督がグラウンドに集まった選手たちに告げる。

「〝敵を知り己を知れば百戦危うからず〟という孫子の兵法というのは、相手のことと自分のことをしっかり知っていれば百回やっても百回勝てますよ、という準備を我々は今やってるわけです。同じような細かいことをやってるけれどそれを理解してください」

木村監督からすれば、チームに元日本代表監督がオーナーとしてやってきて、育成年代の元代表監督が現場にいて、元J1の監督やバルセロナの戦術を知るアドバイザーなど豪華すぎるスタッフの中でやり難さも感じているはずだった。

生来の朗らかさと、人当たりのよさと、ちょっとおとぼけなキャラクターは、チームを和ませる。チームスタッフは〝木村さんがいるからチームが明るい〟と声を揃えるほどだ。

広島出身の木村監督は、サンフレッチェ広島のユースから指導者としての経歴をスタートさせる。ユース監督時代には駒野友一や森崎和幸・森崎浩司兄弟など名選手を育てJユースカップ準優勝や天皇杯出場など好成績を残した。

しかし、トップの指導者となってから不運が続いた。サンフレッチェ広島のコーチ時代、監督の成績不振で急遽監督を任されたが、ろくな補強をしてもらえずJ2に降格し、責任を取って辞任。その後、なでしこチームやJ2岐阜の監督（このときの就任も突然だった）時代も思うような成績が上げられず辞任するなど、どちらかというと華やかな経歴はあまりない。

岡田さんや前オーナーと早稲田大学の先輩と後輩というつながりもあり、2012年にチームを指揮するようになった。前チームだった愛媛FCしまなみが〝解散〟してからの就任。しかも、当初は愛媛FCしまなみという「愛媛の2軍を指揮できる」と思っていたところでいきなりのチーム解散だった。

「ある程度いい選手が20人くらいはいるだろう、ここから上に上がる選手を育てるやりがいもあるなあと思って愛媛に来たら、残ったのは3人ですからね（笑）」

エリート街道とはほど遠い指導者人生かもしれないが、天皇杯で古巣サンフレッチェを破ったのは〝今治伝説〟としてファンの間では語り草だ。なかなか日の当たらないリーグで古巣のプロチームに起こしたジャイアントキリング。痛快だったはずだ。

【5月10日(日) 第5節　アイゴッソ高知　－　FC今治】

4試合が終わった時点でリーグ戦の順位はFC今治、高知Uトラスター、アイゴッソ高知が4勝0敗で並び、得失点差でFC今治が首位（得点26、失点0）、高知Uトラスターが2位（得点25）、アイゴッソ高知が3位（得点20）となっている。

愛媛からは応援バスツアーが組まれアウェイの高知県春野総合運動公園陸上競技場には数十人のサポーターが集まった。

一方、エンジのレプリカ・ユニフォームを着込んだアイゴッソ高知のサポーターはそれを大きく上回り数百人近い人が会場に詰め掛けていた。

アイゴッソは1966年からの半世紀近い歴史のあるクラブだ。「南国サッカークラブ」「南国高知FC」などと名称を変えながら、2014年にさらにセレッソ大阪や京都サンガで監督をしていた西村昭宏氏を監督に迎え、「高知から本気でJリーグを！」をスローガンにしている。

強化のために県民から資金を募る「クラウドファンディング」という制度で獲得した、サンフレッチェ広島やガイナーレ鳥取で活躍した横竹翔選手。また松山北高校時代に全国高校サッカー選手権に出場した時のMF金橋淳選手らが今年のチームに在籍し、かなり手強い相手だ。

アイゴッソの応援の幟《のぼり》が入場口に何本も掲げられている。グッズ売り場やグルメ屋台が並び、12番のユニフォームを着たサポーターが続々とやってくる。プロには遠く及ばないがスタッフやサポーターにはこのリーグに長くいる余裕が感じられる。

スタジアム内にあるのは選手横断幕だけではない。バックスタンドの柵にはスポンサー幕がほぼ一列埋まるほどあり、場内DJ、キッズチアリーダーによるパフォーマンスなどFC今治よりも一歩先を行く演出。アイゴッソからも今年は是が非でも昇格するぞとの思いが見て取れる。

アイゴッソのサポーターリーダーも気合は十分だ。

「今日は大事ですね！　アイゴッソサポーターもホント熱が入って応援してくれると思います。我々もJリーグを目指しています。もう今年（JFLに）いけなかったらアイゴッソは終わりだと思ってるんで」

今日の試合に懸ける気持ちはこちらとほぼ同じのようだ。全国的な注目度では一歩先に行かれたFC今治に対してライバル心もメラメラと燃えているのがよくわかる。

試合はFC今治が前半開始から圧倒した。

FC今治は目標とするボールキープをしながら、右へ左へとパスをまわし試合を支配し決定機を何度も作っていた。しかし、肝心のゴールは生まれなかった。

失点は前半32分。FC今治陣内でファウルを取られ、素早いリスタートに守備陣が虚を突かれ相手7番の神野達朗選手のドリブル突破を許し、そのままシュートを決められた。

シーズン初の失点。しかも大事な試合で先制されてしまった。吉武本部長と並んで観戦していた岡田オーナーの表情が厳しくなっている。0－1のまま前半終了。

新チームになって初めて追う形になったFC今治。前半と同じく後半もボールキープをするのはFC今治。左右に散らしながらパスをまわすがアタッキングサードよりゴールに近いところではなかなか崩しきれない展開が続いていた後半24分。

左サイドバック中野がビルドアップしながら中央の19番長尾へスルーパス。一瞬で体を入れ替えて前を向いた完璧なトラップからだった。そのまま右へ流れながらドリブルを開始すると倒れこみながら右足で右隅へ同点ゴール。1－1。

岡田さんに少し笑顔が戻った。吉武本部長と身振りを交えながら今のシーンの解説をしている。

その後もパスを回し続けてはいるがなかなか決まらない。とうとう後半40分を経過した。ここでFC今治ベンチが大きく動く。

まずエースの岡本に代えて15番キム、続いて残り5分で中盤の乙部と土井拓斗に代えて31番中野和貴と25番小野田将人の2人を同時に投入した。いずれも攻撃の選手を代えることで、絶対に点を入れるんだというメッセージをチーム全員に伝えた木村監督。

スクランブル体制に入った2分後だった。公式記録では後半44分のことだ。センターサークルを少し過ぎたところで25番小野田がルックアップ、長いボールを最前線まで送ると、そこにはギリギリで裏を抜け出した15番キムがいた。左足アウトサイドのトラップが少し大きくなったのが功を奏し（あれが計算ならスーパートラップだが）キーパーの逆をつくとそのまま左足で流し込んだ。1－2。

残り1分での劇的な逆転ゴールに会場のFC今治サポーターが奇声を上げた。

岡田さんと吉武さんは「頼むよ」といった表情で初めて白い歯を見せて笑った。吉武さんは前に倒れこむようにして安堵感を全身で表現している。岡田さんは少し笑って口元に手をやった後、真顔に戻った。

大事な天王山2連戦の初戦を制した。しかも、最後の最後でギリギリで逆転勝利。新チームが初めて味わったシビれる展開だった。

先制点を挙げた長尾が語る。

「ボール受けてターンしてラストパス出そうとしたんですけど、相手がそれを読んでいたので。で、前に2人おったんで、何回かキックフェイント入れて。後は気持ちごともっていきました」

ベンチの采配が見事にはまったことも見逃してはいけない。交代が遅かった感はあるが、この勝ち点3を手繰り寄せたのはアシスト、得点ともに途中出場の選手が演出したものだ。

「決定的なチャンスは自分がカウントする限りでは（前半で）4、5回あったと思います。チャンスは作れている中での0－1で折り返しだったので、後半は相手が疲れてくる分よりチャンスは作れるとは思っていました」

冷静に振り返る木村監督。同点になった時点で、そのまま勝ち点1で逃げ切ろうとは考えなかった。主導権を握っている中で最後まで〝勝つこと〟を狙った采配だった。

「次の試合も力を発揮すれば勝てると思っています。改善すべきところは改善して次の試合に臨みたいと思います」

いつも丁寧に優等生のコメントをする指揮官も今日の勝利はヒヤヒヤだっただろう。インタビューが終わってロッカールームに戻る途中で思わず本音が洩れた。

「良かったですねー、ホンマね。勝つと負けるじゃ全然違いますからね。ありがとうございました！」

負けなしをキープしているが、今節、失点してしまったFC今治は得失点差で高知Uトラスターに首位を明け渡すこととなった。来週はその高知Uトラスターとの無敗同士の一騎打ち。本当の意味での首位決戦となる。

嬉しい小野伸二らの訪問でチームはリフレッシュ

5月11日（月）、今治桜井グラウンド。大事な試合を逆転勝利で手にした余韻と、〝あの大物〟がやってくるという興奮で今治桜井の練習場は特別な空気が漂っていた。

元日本代表でJ2コンサドーレ札幌の小野伸二選手と砂川誠選手がオフを利用して岡田オーナーを訪ねてきたのだ。有名現役Jリーガーの初訪問。

小野選手といえば1998年、日本がワールドカップに初出場したフランス大会で代表監督だった岡田さんに抜擢された早熟の天才。それまでコーチだった岡田さんは加茂さんの更迭によって監督になり、まだ18歳の新人だった小野選手も初選出でフランス本大会最後のジャマイカ戦で交代出場。最年少出場を記録するなど2人のサッカー人生で大きなターニングポイントとなったときをともに過ごした仲だ。

コンサドーレの基盤を作った岡田さんとは今でもチームを含めての交流が続いている。FC今治のトップチームと今治東高校との練習試合を見学した小野選手と砂川選手。練習試合後、両選手はFC今治の選手や今治東の高校生らと交流を深めた。

特に人気者の小野選手の周りにはあっという間に人だかりができ、記念撮影に引っ張りだこ。その様子を見ながらの岡田さんも「お前ら俺とは撮るって言わないのにな！」と終始上機嫌だった。

「今回は彼（小野選手）のほうから来るって言ってくれてね。ありがたいね。日本サッカーのレベル向上や地域を元気にするという目的は立場が違っても同じ。まあ、一番助かるのは（小野が）チームに入ってくれることなんだけど、まあお金払えないし。でも、時々こうやって空いているときに来てくれるのは選手にとっても今治の町の人にとっても刺激になる。これからいろんな選手に声かけて、今度は〝大物〟を呼ぼう。あ、あいつらも大物か（笑）」

一方の小野選手。

「（今治は）全然来たことないところだったので、いろんな環境を見たいなと思って（来ました）。僕らが特に岡田さんに言うことはないので、でも思ったより練習環境が良いし、今治にもいい高校生がいるので楽しみです。（岡田さんは）サッカー界のことを考えてくれているし、今のうちからいい関係でいられるようにお近づきになっておきたいなと。（いつかここでプレーをするという）可能性は……いろいろあると思うので、それはそのときになってみないと」

最後にマスコミ記者から握手のポーズをせがまれると、岡田さんは、冗談めかしてこう言った。

「なんだか入団会見みたい。ホントになっちゃったりしてな（笑）」

岡田さんは先月だけで東京と今治を6往復している。オーナー業の疲れを感じさせない精力的な活動を続けている。この日は、今治市民もFC今治の選手たちもスターの訪問に大いに刺激を受けてリフレッシュできたようだった。

【5月17日（日）第6節　高知Uトラスター　ー　FC今治】

現在首位の高知Uトラスターと2位のFC今治。決戦の場所は、先週と同じアウェイの高知県春野総合運動公園陸上競技場。この日も今治から応援バスツアーが組まれていた。

ただ、入場口の出店やグッズ売り場、サポーターの様子からするとアイゴッソのそれよりは派手さはない。

高知Uトラスターは1998年に「トランジェスター」として創部された。2年前に高知大学と提携し名称を「高知U（UnitedとUniversity）トラスター」に変更。もちろんこちらもJリーグ入りを目指している。

試合はキックオフ直後こそ相手に押し込まれるシーンがあったが、時間が経つにつれてFC今治が細かいパスをつなぎリズムを掴んだ。

決定機も18番土井に2回、19番長尾、10番岡本らが1回ずつ作って相手ゴールに迫る。しかし、相手もカウンターを中心のパワーサッカーでFC今治陣内へ入り込むなど、お互い一歩も譲らない首位攻防に相応しい展開を見せる。

前半は0－0で得点の無いまま後半に入ると、迎えた後半9分だった。

自陣のゴール正面で相手10番元田龍矢のドリブルにこらえきれなかった稲田がたまらずファウルを犯す。正面より少し左、ゴールまで20メートル。岡山の作陽高校時代からフリーキックを得意としていた19番渡部亮武の得意なコースだった。渡部の右足でこすり上げられたボールは速く、鋭く、左へ曲がった。ゴールキーパー福山直弥の目一杯伸ばした手の先を抜けて落ち、直接ゴールネットへ。0－1。

FC今治は、2試合続けて先制点を許してしまった。

流れを変えたいFC今治ベンチは、決定機を外していたエース岡本に代えて、開幕戦で右ひざを故障して以降出場していなかったベテランの赤井を投入。赤井が左サイドで攻撃に絡もうとするが決定機までには至らない。その後、長尾が抜け出しチャンスを作るがシュートはサイドネット。今治サポーターはため息ではなく悲鳴をあげ始めている。

木村監督がこだわっていたように全試合勝ち点3を狙うのがチームのコンセプト。しかし、このあと、前がかりに出ていったところで逆にやられてしまう。

後半35分。相手キーパーからのロングキックをすらしたところに再び19番渡部の姿が。渡部は走りこんできた勢いそのままノートラップでJレベルの鮮やかなミドルシュートをFC今治ゴールにぶち込んだ。0－2。

渡部の2得点はいずれも敵ながらあっぱれのビューティフルゴールだった。

またもスクランブルとなった今治ベンチはその後も中野和、小野田、高田大樹と攻撃的な選手を次々と送り込み、最後のチャンスに賭ける。会場からは「FC、イマバリッ！」の応援の声が響く。

諦めないプレーが実ったのは残り2分。右サイドを上がっていた片岡爽からのダイレクトクロスを中野圭がスルーし、中央で待っていた中野和が左足でゴール。ようやく1点を返したが先週のように逆転する勢いと時間はなく、そのまま1－2で試合は終了した。うなだれるFC今治の選手たち。高知Uトラスターの選手たちは抱き合って勝利を喜んでいる。

最低でも引き分けに持ち込みたかったが、それもできずに痛恨の今シーズン初黒星となった。

1敗でもすると優勝が苦しくなる四国リーグで、ライバルチームに付けられた黒星。相手にとってこの上なく有利となり、FC今治はかなり苦しい後半戦を迎えることになる。もちろん、他のゲームも落とせないし、万が一もう1敗でもしてしまえばリーグ優勝はほぼ消滅してしまうだろう。

「結果は残念です。ただ、リーグはまだ続くので……」

苦笑いを浮かべる木村監督はいつもと変わらずに穏やかに話した。

選手たちは硬い表情だった。控え室では誰も無駄話をする者はおらず、帰りのバスに乗り込む準備を淡々と進めていた。

「悔しいの一言ですね」

なかなか気持ちを切り替えられないのは稲田主将だった。頭の中ではさっき負けたばかりの試合のシーンが次々と浮かんでくる。

「現状では首位に立てないですけど、残り8試合を一つずつ勝っていったら優勝できると思っています。今日も0－2で終わるよりは1－2で終わるほうがいいし、あの1点は大きかったと思います」

今日もスタンドからメソッド事業本部の大竹本部長、大木アドバイザー、眞藤アドバイザーらと観戦していた岡田オーナー。第1ラウンドの大一番を落とし、優勝への道が苦しくなるというコメントが出ると思ったが、意外な言葉から始まった。

「試合内容は全然悪くなかったんだけどね。ちょっとナメてたね、皆ね。良いサッカーをしてたし、今日もチャンス作ってたんだけど。ちょっとしたことにすごく甘さが出てたね。そういう意味ではホントにいい薬だと思うし。やっぱり80パーセントくらいの慢心した状態で勝てるチームではない。まだ裏（後期のホームゲーム）があるからそんなに心配してないですけど」

確かに試合内容は悪くなかった。ただ、大事なところで決めきれないと苦しくなるのがサッカーの怖いところだ。

四国リーグは早くもシーズンの半分をほぼ終えた。今戦っているのはワールドカップアジア予選でもなければ、ワールドカップ本大会でもない。地域リーグの四国リーグ。未踏の戦地に足を踏み入れてわかる難しさを新人オーナーは感じていた。

「アイゴッソさんには一つ勝ってるので、ホームでもう一つ勝てば。トラスターさんには今回アウェイで負けたので、ホームで勝てば5割です。当然トラスターさんとアイゴッソさんもやるんでね。チームはかなり進歩してきている。岡田メソッドの浸透具合も良くなってくると思います。まだ縦にいけるときに行く勇気がなかったりという場面もありますが、ディフェンスラインから中盤までボールを運んでいくところは共通の意識が出てきています。最後の得点を取るところ、そこは1対1ではなかなか入らないので、僕らは2対1、3対1を作ろうとやっているんですけど、そこがまだできていないかなと」

【5月24日（日）第7節　FC今治　6－0　llamas高知FC】

岡田さんが今治にやってきて一気に注目度が高まった四国リーグは、早くも今シーズンの前期日程が終了した。

ＦＣ今治は６勝１敗、勝ち点18で２位。首位の高知Ｕトラスターとの勝ち点差は１。３位に勝ち点16でアイゴッソ高知と続く。予想通り今年もこの３チームの力が抜けている。勝負のシーズン後半へ向けて、エンジン全開で走り続けるのみだ。

第四章　後期スタート〜中断期

目で見て、耳で聞いて、感じる！　岡田武史が全国で続ける〝森育〟

岡田さんはチーム強化とともに、サッカー以外での地元活動も積極的に精を出していた。自然の大切さを考えてもらう環境教育を積極的に推進している今治市。森の中で自然と触れ合い様々なことに子どもたちにチャレンジしてもらう「今治自然塾」というイベントを２０１１年から年に１００回以上体験型の教室や勉強会という形で開いていた。その特別インストラクターとして呼ばれたのが岡田オーナーだ。

6月21日、今治市のしまなみアースランドに１００人近い家族連れが集合。子どもたちと一緒に森に入り、自然と触れ合う〝森育〟という環境教室のリーダーとして紹介される。

「皆で声をそろえて呼んで見ましょう！　せーのッ」

「岡ちゃ〜ん！」

幼稚園から小学生低学年の子どもたち50人ほどを前にスポーティな格好で笑顔で登場。

「みんな〜、おはようございま〜す！」

実は、岡田さんはFC今治のオーナー業の活動以外に、北海道や京都など4カ所の自然塾でも特別インストラクターとしても活動しており、子どもたちに環境問題などを教えている。グラウンドやスポンサー集めのときとはまったく違う、満面の笑顔で子どもたちに優しく話しかける岡田さん。いつも以上にノリノリだ。

「じゃあみんな、準備いい？　森に行くぞー！」

「おーっ!!」

岡田さんと一緒に森の中へ勢いよく向かう子どもたち。FC今治を強くする、日本代表選手を輩出させるといったサッカーのピッチ上の話だけではなく、今治全体を元気にしたい、地域を活性化させたい。そして、一番向こうに見ているのは、この物語の最初にロケバスの中で語ってくれたあの言葉。

「じゃあ自分はどうなんだ。未来の子どもたちのために何かやっているのか」

3・11以降、特にその想いを強くしたという岡田さんのひとつの答えがこの〝森育〟だ。物が豊かになった飽食の時代から、どこか行き詰まってしまった今の世の中をどうにかしたい。時代の最先端で、厳しい勝負の世界にいながらも子どもたちの未来を救うのは、コンピューターやスマホゲームの中にあるのではなく、自然とのふれあいの中に答えがあると信じている。

子どもたちと一緒に森の中をぐんぐん進んでいく岡田さん。自分のチームの練習や試合を見ているときより確実に目尻が下がっているのがわかる。

「（子どもたちは）かわいいよ〜。（FC今治の）選手よりかわいいかもしんない」

その日、森の中で最初に出会った生き物は、手のひらからこぼれ落ちんばかりの大きな毛虫だ。その大きさに子どもたちから歓声が上がり、また、その巨大な毛虫を平気で手のひらに乗せているわが子の様子を見た大人たちからも驚きの声が上がる。

「やっぱり愛媛の子はすごいな〜。東京の子は触れないよ（笑）」

その後も小川で、子どもたちと生き物探しをする岡田さん。一目では名前がわからない生き物は昆虫図鑑でその場で調べる。

「すごい大発見がありましたよ！　アカハライモリの赤ちゃん！」

その後は木登りや崖登り。竹を切って笛を作るなど自由行動。

岡田さんと子どもたちが最初に向かったのは木登り。ここでもアドバイスはするけれどまずは子どもたちにやらせてみる。

「やり直すか？　よし、もっぺん最初から。そう、よく考えたな」

「そうそうそう、いいぞー！」

「ここ最後登れ、頑張ってそっちから行く？　こっちのがよくない？　いけるか？」

小さな段差も子どもにとっては急な崖。すぐ助けてもらうのではなく、自分の力で突破していくのがこの教室のモットー。

たっぷりと遊んだ後のご飯を作るのも自分たち。竹を使った飯ごうをそれぞれの親子で協力して完成させる。

「さあ、手をあわせてください。せーの、いただきます!!」

おかずはそれぞれが持ってくるルールだったが、なんと肝心のおかずを持ってくるのを忘れていた岡田さん。

イエローカードが出そうなところを子どもたちがおかずを少しずつ分けてくれる。

このフェアプレーには岡田リーダーも感謝しきりで、

「ありがとう、うれしい〜！（おかず忘れて）もう情けないな〜」

丸一日、自然の中でたくさんのものとふれあい楽しんだ子どもたち。

最後に岡田さんから子どもたちにメッセージが送られた。

「自然の中で遊ぶっていうのはね、頭で勉強して本を読むんじゃなくて、自分で感じて、自分で考えること。本で読んで知ったつもりになるかもしれないけど、本やインターネットで見たものは知ったことになりません。わかった？　それは単なる頭でわかっただけだから。これからも自分でいろんなことをやるようにしてください！」

「は〜い!!」

〝自分で感じて自分で考える〟今日子どもたちに伝えたかったことは岡田さんが目指すサッカー像にも通じるところがある。

森の中で自然と存分に触れ合った一日。たくさんの思い出や新しい発見は子どもたちだけでなく親たちも同じだ。

「（今日トンボを）捕まえてもちゃんと自然に返してあげようねって（来る前に）言ったのをできるかなって思ってたんですけど。ちゃんと理解して自分からバイバイするって、さっき逃がしてあげることができていたので、成長したなって思いました」

「普段やっぱりなかなか体験できないことを子どもたちに体験させることができて、とてもうれしく思っています」

「（岡田さんが）あまり元日本代表監督というのが出てないというか。いい意味ですごく」

岡田さんが目指す子どもたちの未来へ向けての取り組みは、理想のクラブチームづくりと同じく、これからも同時進行で続けていくつもりだ。

今治市のしまなみアースランドで行われた「今治自然塾」写真●FC今治

第五章　新加入選手に元日本代表選手がやってくる

合流した元日本代表の山田卓也、市川大祐らの存在感

【7月5日(日)第11節　FC今治　3－0　中村クラブ】

＊9、10節より先に開催

後半のリーグを2連勝しているとはいえ、岡田オーナーは今後の戦いに備えた仰天の戦力補強を敢行する。

まずは四国リーグではおそらく初であろうスペイン人選手獲得を7月5日までに発表。元スペインリーグ3部U.E.オロットのMFダビッド・コロミナス・サウラ(29)。通称〝コロ〟。元U－15、16、17のスペイン代表に選ばれ、FCバルセロナの下部組織に所属した経歴もある。

さらにこれだけでは終わらない。第2、第3の補強もド派手だった。

7月20日、元日本代表のMF山田卓也（40）の加入が発表された。7月から12月末までの契約で、背番号は2。山田といえば東京ヴェルディやセレッソ大阪などJリーグで活躍したあと、アメリカでもプレーした選手だ。2003年と04年には日本代表として4試合を経験している。「岡田さんの熱意に打たれ、契約を決めた。今までの経験を生かし、自分らしくチームに貢献したい」とコメントした。

スペイン人の次は元日本代表。この大ニュースに驚くまもなく、1週間後の27日にはこれまた元日本代表のDF市川大祐を獲得した。

市川といえば、フランスワールドカップ前に当時日本代表監督だった岡田さんが「外れるのは市川、カズ、三浦カズ、北澤……」と落選メンバーを語った3人のうち最初の、あの市川である。98年4月1日、韓国戦での日本代表デビューは史上最年少記録。その後、清水エスパルスに2010年まで、11年にヴァンフォーレ甲府、12年に水戸ホーリーホック、13年からはJ3の藤枝MYFCでプレー。今は35歳のベテランとなっていた。

「岡田さん、コーチングスタッフの方々からチームのヴィジョンを聞き、FC今治の可能性を大きく感じ、チームとともに成長したいと思いました。今年の目標であるJFL昇格の力になるために、学び、プレーできる喜びを感じ情熱を持ってプレーします」とコメントした。

7月29日。今治市桜井海浜ふれあいサッカー広場。

午前9時からのトレーニングマッチ。新加入3選手のうち、山田とコロはベンチにいる。反対側のタッチライン際で体をほぐしているグループに市川を発見した。細身の長身。あの頃と変わりのない、すらりとしたシルエットだ。

白のユニフォームが今日の相手となる桐蔭学園、紺を基調に太目の白いボーダーラインがFC今治。

試合はプレッシャーの速い桐蔭に少し手こずりながらも、15分に赤井のヘディングシュートのこぼれ球を岡本が押し込んだ。ベンチの山田がさっそく動き始める。それに倣って他の選手もウォームアップを始める。短く刈り込んだ坊主頭にヒゲを蓄えた様が野武士のようにも見える山田。日本最高レベルを経験し、海外へ渡った経験が彼から独特のオーラを放つ。

その山田の号令によって控えの選手たちが集団になってピッチの周りをジョグし始める。ベンチにいるときから他の選手に身振り手振りで試合状況を確認しながら、積極的にコミュニケーションをとっている。

トレーニングマッチ1本目は、時折攻められる場面も見られたが2－1で終了。今日は2本が予定されている。2本目を前にベンチでは木村監督が選手を集めて戦術を説明している。2本目は選手を代えてくるようだ。一番前のベンチのど真ん中にいるのが山田。はやくピッチに立ちたくてウズウズしている。やる気に満ち溢れた目で木村監督の指示を聞いている。

山田はお客さんではなくチームの戦力として戦うためにやってきた。

2本目に出る新メンバーは、まずは山田のみ。円陣でも中心になって全選手に声をかける。果たして元日本代表の実力は本物だった。中盤の底、アンカーの位置に入った山田は、最初はバランスを取りながら最終ラインまで下がり様子を見ていた。しっかりと声をかけながら預けられたボールを確実に左右に散らすパスを出す。リズムも1本目より明らかに良くなった。早い段階で完全に主導権を握り始めると山田も攻撃に参加。すると10分も経たないころ、センターサークル付近で受けた山田が右の13番大城海へグラウンダーのパス。

「そうだ！」

ベンチから木村監督の大きな声が響く。

ナイスパスを出しただけでなく、自らもう一度もらいにペナルティエリア付近まで近づき、受け取ったボールを軽くワントラップから素早くシュート。右足一閃でキーパーと逆の左サイドネットへきれいに流し込んだ。

文句なし、これ以上ない、まさに名刺代わりの初ゴールだった。

45分のトレーニングマッチは2本。4対1で桐蔭学園を貫禄で退けた。

試合後も山田は、ベンチの中でFC今治の若手たちに身振り手振りで気づいたことを伝えている。

「お前らが来ちゃうと俺がどんどん下がんなきゃいけなくなる。フリーで顔が上がっているから、怖いのはわかるけど」

右にはミッドフィルダーの小野田。左にはディフェンダーの斉藤誠治。2人ともドリンクボトルの水をがぶ飲みするのと同じように、山田のアドバイスを一つひとつ頷きながらのみ込んでいた。

山田が笑顔でインタビューに答える。対戦した桐蔭学園は母校だ。

「最初に対戦する相手が母校というのがなかなか縁が深いなと。まだほんとに全然体ができてないですけど。もう少しやんなきゃなという反省ばっかりのゲームでした。自分が動けない分、しゃべったっていうのもありますけど、前半見ていてもちょっとおとなしいというか、もう少しゲームの中でケンカしろとまでは言わないですけど、厳しい部分を出していかないと」

山田は大学卒業後、東京ヴェルディ（当時はヴェルディ川崎）に加入。セレッソ大阪、横浜FC、サガン鳥栖でプレーしたあと、2010年トライアウトでアメリカフロリダ州のタンパベイ・ローディーズへ入団。北米サッカーリーグで5シーズンプレー。2003年に日本代表として東アジア選手権に1試合出場したが、そのときの監督はジーコだった。岡田さんとは特につながりはないはずだったが……。

「僕が去年までプレーしていたフロリダのタンパベイっていうところの隣にレイクランドっていう都市があって。そこが今治市と姉妹都市なんですよ。姉妹都市交流の会とかで領事館に呼ばれて行ったときに、今治にもこういうチームがあると。その縁もあって岡田さんにFC今治のキャンプをフロリダでやってくださいよ、と伝えたんです。でも『お金がない』って一蹴されましたけど（笑）」

初対面の山田に対して、岡田さんは強引に口説き落としたそうだ。

「『まあ待ってるから！』って言われて。『面白いことやってるし、リーダーシップが足りないチームでもあるから、お前みたいな選手がピッタリなんだよ。考えてくんないか！』ってことから始まったんです」

その山田のすぐあとに加入が発表されたのが、同じ元日本代表のミッドフィルダー市川大祐だった。タイプ的には山田が剛ならば、市川は柔だ。山田が41歳、市川が35歳になっていた。これまで何度も訪れた桜井のグラウンドだが、豪華な2人が溶け込むにはまだ時間がかかるようだ。

「合流したばかりです。（3日前の）日曜日に車で移動してきたばかりなんで、結構時間かかりました」

もちろん岡田さんからの熱烈なオファーがあっただろうことは想像できるが、それでも四国リーグには似つかわしくない大型補強。まず気になるのは、市川自身の移籍への経緯だ。

「岡田さんから『うちでやらないか？』と言っていただいて。僕もいろいろ環境を見たかったので先週こちらに来たら、これから進んでいくヴィジョンをしっかり聞きました。自分もこのチームとともに成長したいなと思ってここに来ました」

岡田さんに日本代表に初めて呼ばれたのが1998年4月1日の親善試合、韓国対日本戦。まだ清水エスパルスのユースに所属していた高校在学中、17歳322日での出場は現在でもA代表史上最年少記録だ。2カ月後のワールドカップ本大会には直前でメンバーから漏れた。

岡田さんは故障による離脱者が出ることを考慮して、大会前のスイス合宿には25人を選出。そこから本戦登録メンバー22人を選ぶという方法を採った。その行けなかった3人のうちの一人が市川だった。まだ若い市川は、出場はできないけれどチームには帯同し、世界一の大会に初めて挑戦する日本代表の側でチームを支えた。その経験を生かし、2002年日韓ワールドカップではフィリップ・トルシエ監督の下、念願の本大会出場も果たしている。国際Aマッチは10試合出場の堂々たるサッカーエリートだ。

フランス大会の後はエスパルスのトップチームでプロになる。ヴァンフォーレ甲府、水戸ホーリーホックで14年間。また、2013年からは当時JFLだった藤枝MYFCでプレーを続けていた。

これまでの17〜18年間、岡田さんと特別な交流があったわけではない。

「去年藤枝を退団して半年以上自主トレをして準備はしていたんですが、自分のところに電話が来るなんて思っていなかったのでビックリしました」

そこからの話は山田と似ている。

今はまだ四国リーグだけれど〝日本の型〟になれるようなサッカーをするチームにしたい、クラブが強くなるだけじゃなくて地域と一緒に成長していきたい、10年後にはJ1で優勝争いをするチームを目指したい、サッカーを通して今治だけじゃない世界に夢と希望、感動と笑顔をもたらしたい、そのためにお前の力を貸してくれ――おそらくこのような熱弁を聞いたであろうことは想像に難くない。

市川も山田と同じで、いつかは自分のためだけでなく、育ててくれたサッカー界への恩返しをしたいと考えていた。

インタビュー中も笑顔を絶やさず優しい口調で人柄の良さが伝わってくる。昨年まではJ3のチームにいたとはいえ、ワールドカップまで出場した選手がいきなり四国リーグのFC今治にやってくるのは納得していないのではないか。

「僕自身はまったくそういう思いはないですし、みんなサッカーに対する気持ちは純粋で向上心もあります。そして僕が伝えることもあります。チームと一緒に成長したいです」

「岡田さんのことは知っていました。ただ、FC今治のことは知りませんでした」

そう語るのは、もう一人の目玉、ダビッド・コロミナス・サウラ選手。オプティマイゼーション事業本部でスペインにいた高司裕也本部長に通訳してもらいながら、彼の言葉にも耳を傾けた。

「スペインにいて日本のサッカーの情報はなかなか届きません。岡田さんが話すプロジェクト、フィロソフィは5部というカテゴリーから1部へ行くという大きなプロジェクト。それは自分にとって興味の湧くものでした。今はまさに自分がサッカー少年だったような気持ちです。どこの国でも良かったわけではない。もともと日本が好きだったし、興味がありました。そういう国でサッカーができるのは自分にとって大きな喜びです」

おそらく四国リーグで初のスペイン人選手。しかもあのFCバルセロナで育ち、ユース年代でスペイン代表にも選出されたという鳴り物入りでの入団。興味が湧かないわけはない。

「バルセロナの下部組織にいた頃は〝ジェア〟というカンテラの選手が住む家がありまして、その中には同じチームではなかったけれど、メッシやピケ、イニエスタ、セスクといった選手もいました。子どもながらもプロの選手になるためにサッカーに集中する環境だったので、直接的な交流はありませんでしたけど」

静かな口調で誠実に答える様は、山田や市川と同じく人柄の良さが覗えたが、世界の誰もが知る選手たちとしのぎを削ってきた自負も垣間見えた。

心を揺り動かされる白熱の首位攻防戦に突入

【8月9日（日）四国リーグ第10節　ROSSO RISE KFC　0－4　FC今治】

【8月23日(日)第9節　多度津FC　0－6　FC今治】

＊会場やチームの都合で試合の順番が変則的になっている

市川は出遅れたが、次のリーグ戦10節から山田とコロはベンチ入りをした。4点を入れてほぼゲームが決まった後の66分に山田、74分にコロが入り、チームに慣らしている。

また、その次の試合では山田、コロは先発。市川も57分から出場し、新加入3人全員が無事に今治デビューを果たした。

そしていよいよ四国リーグの天王山、高知の2チームとの直接対決第2ラウンドがやってくる。ここで連勝すればスムーズに優勝が決まるのだが、サッカーの神様はいつもイタズラが好きなようでチーム最大の試練を早速与えることになる。

【9月13日(日)第12節　FC今治　―　アイゴッソ高知】

四国リーグが開幕してまだ半年にもかかわらず、会場には異例のシーズン最多2000人を超える人が集まった。会場の入り口近くでは今治らしい鉄板で焼く焼き鳥やB－1グランプリで全国区になった焼き豚卵飯などのグルメテントが立ち並ぶ。試合開始前からはやくも賑わいを見せていた。

そこにいきなり紺のスーツ姿の岡田オーナーが現れた。一つひとつのブースに声をかけていく。

「おはようございます！　どうもありがとうございます。これ何？　鯛だしラーメン？　へえ」

「ありがとうございます。お世話になります」

　頭を下げる姿もすっかり板についている。

「キャー！　お待ちしてましたー」

　ひときわ黄色い歓声が上がったのは〝おんまくレモン〟というジュースを売っている今治南の制服を着た高校生たちが販売員のブース。

「売れてる？」

「今70杯以上売れています！」

「一つちょうだい」

　女子高生たちに入れてもらった地元で採れた美味しいジュースを飲み、店先に立てかけてある幟にサインをしている。

　そのあとも会場の周りを練り歩き、スタッフやボランティアの人たちに丁寧に声をかける岡田さん。途中でサポーターからサインを、また、ファミリーから記念撮影を頼まれたならばそれにも気軽に応じている。

　少し風の強くなった桜井。9月も中旬になっていたが日差しはまだ夏のそれのままだ。それでもコンクリートの打ちっぱなし3段の観覧席はほぼ満席になった。観に来ているのは若い人だけではない。サッカー観戦にはあまり慣れていなさそうなご夫人3人組がビニールシートを敷こうとしていた。

「あたしの知っとる人が選手で出てるから。下村和真さん（MF7番）。あのー、今治の体操教室行きよんですけど、そこの手伝いをしてくれよんですよ。この人はサッカー好き」

「私は前からサッカー好きなの。今日はこのあと愛媛FCもあるでしょ？　ファジアーノとの」

ちょうどこのとき、愛媛FCは絶好調。J昇格以来10年目でJ1昇格のためのプレーオフ出場圏内6位をキープしていた。

「FC今治のホームゲームは全部観てます。今日で5回目。観たのは全部勝ってます。そう、勝利の女神」と笑顔で語るご夫人たちも見守るキックオフの時間が迫ってきた。

終盤に差し掛かった四国リーグ。今日を含めて残り3試合。

この時点で首位は勝ち点31の高知Uトラスター。勝ち点差1の30でFC今治は現在2位につける。

今日対戦するアイゴッソは勝ち点26の3位。3強争いから一歩後退したアイゴッソにとっては、今日勝てなければ優勝できないと気持ちが入っているようだ。

その相手にきっちりと勝って次の首位決戦に臨むことがFC今治のシナリオだ。

この日の先発はゴールキーパー1番松上大毅、ディフェンダーは4人で左から5番中野、3番主将・稲田、2番山田、20番片岡。ミッドフィルダーはアンカーに25番小野田、フロントボランチ（トップ下に近いポジション）２枚に29番コロ、17番高橋康平。フォワードは左に22番桑島昂平、右に10番岡本、フロントトリベロ（センターフォワード）に19番長尾。市川と赤井は２週間前に行われたツエーゲン金沢との天皇杯１回戦で怪我をしたためベンチに入れなかった。

ＦＣ今治が山田とコロを起点に試合開始からボールを支配するが、決定機を作ることができない。内容も圧倒しているので早々に点が入ると思われたが、じれったい展開が続く中でベンチからは木村監督が「相手を動かせー！」と叫んでいる。

17分にはセンターバックの山田がゴールキーパーに返したバックパスが危うく自分たちのゴールに入りそうになり、今度は観客席から悲鳴が聞こえる。

どこかちぐはぐなプレーが続くＦＣ今治に対して、アイゴッソ高知は13番金橋が脅威となっていた。その金橋に先制点を決められる。後半19分。優勝への執念が生んだアイゴッソの先制点。ゴールを決めた金橋が仲間を引き連れて歓喜の輪を作る。一方、ＦＣ今治の松上と稲田は声もない。高知からやってきたサポーターから「アツシ！　アツシ！」とチームのストライカーを称える声が桜井に響いた。

反対側の関係者席にいる岡田さんは腕を組んだまま一点を見つめている。周りのＶＩＰたちも声をかけることができない。痛恨の失点。

このまま負ければＦＣ今治にとって優勝の可能性が限りなく低くなってしまう。残り26分間、ようやくアイゴッソゴールに襲い掛かった。

結局、後半43分にコロからの縦パスをペナルティエリアで受けようとした桑島が倒された。PKを獲得。これを中野圭が冷静に決めて、その直後に試合は終了した。結果は1－1の引き分けだった。

勝ち点1を積み上げたが、首位の高知Uトラスターとは勝ち点差3の2位。負けていれば優勝はほぼ絶望だった試合で痛み分けのドロー。勝利できなかったことを悔やむのか。最後の最後で同点に追いついたことを神に感謝するのか。微妙な空気が試合後の桜井に漂っていた。

「なんとしても勝ちたかったので残念。今日が最後じゃない。結果はまだ何も出ていない」

ここ最近の木村監督の会見はいつも厳しい表情ばかりが続いている。それは自ら失点に絡んだ稲田も、PKを決めた中野も同じだった。痛恨のドローではあるが、意外にも前向きに捉えていたのが参謀の吉武本部長だった。

「引き分けの内容でしたね。研究されて中を固められたらこういう（決定機の少ない）戦いになるので、これをどうこじ開けていくか。負けてたら終わってたんですけど、引き分けたんで次につながる。これがリーグ戦かなと」

話す口ぶりはいつもと変わらない。その沈着ぶりがこちらの絶望感を払拭させてくれた。

「勝ち負けってよりも内容が良くないってことにヘコんでますけども。引き分けたからうんぬんってことはないですね」

望みが絶たれたわけではないが、次こそ負けたら終わり。しかも、首位との直接対決。今度は引き分けでも許されない。より状況は厳しくなった。

気持ちが吹っ切れなかったので、吉武さんからの強めのコメントを最後に要求した。

「全然終わったわけではないですから。そういうピリピリ感の中でやることのほうがお客さんも楽しいと思う。こういう状況だからこそ面白い。それがサッカー文化だと思う。楽勝なんて面白くないんで！」


この時点（12節終了時の9月14日）で、順位は首位の高知Uトラスターと勝ち点差3の2位。次節の直接対決では引き分けでももちろんダメだ。勝たなければ優勝の可能性は無くなる。しかも、勝ってようやく勝ち点が34で並ぶ。得失点差が7あるのでできるだけ大量点で勝つことも絶対条件となる。理想的な筋書きで言えば、この大きな山を4－0、もしくは4点差以上で勝って最終節のリャーマス戦に余裕を持って臨みたい。

しかし、トラスターは前期2ゴールを奪われて、唯一の黒星を喫した相手だ。ＦＣ今治は崖っぷちに追い込まれた。

ホームの大歓声の声援を背に受けながら摑み取った大勝劇

【9月20日(日)第13節　FC今治 ― 高知Uトラスター】

決戦の日を迎え今日の桜井は、早い時間から人で溢れかえっていた。この日も2000人を超える観客が集まっていた。

木陰で休んでいた年配の男性3人組は試合前から一杯やっている。わが子、いや、孫の運動会に来たような上機嫌だが、しっかりと釘は刺した。

「ちょっと興味が湧いてきたから来てみたんよ」

「まあ、（今日）勝たんことにはもう1位はないんやから。4点取ったら可能性がある。それはもう今日が最後やという気持ちでやらんかったら！」

現在首位のトラスターとの直接対決。トラスターは勝ち点34で得失点差が54、2位のFC今治は勝ち点31で得失点差が47。今日、FC今治が負ければ高知の優勝が決まる。FC今治が優勝するには引き分けでもダメ、もう勝つしかない。しかも、4点差以上での勝利が条件で最終節でも連勝すること。

それをやってのけてしまう勢いが、このときのFC今治にはあった。口火を切ったのは長尾だった。

右サイドで片岡と桑島がワンツーを決めたあとのクロスを最後、押し込んでのゴール。試合開始わずか2分のことだった。桜井の２０００人が歓声を上げる。ゴールラッシュはここからだった。16分にボール処理をもたつくところを決められて同点とされたが、この日の今治は違っていた。さらに24分。自陣深くで山田からの優しいパスを乙部が右に展開。そのまま乙部は脱兎のごとく最前線まで駆け上がる。それを見ていた右サイドの桑島が丁寧に乙部にお返しするとトップスピードで相手エリアに突進したまま左足で流し込んだ。

41分には、またも山田からエンジェルパスがふわりと相手ゴール前へ。オーバーラップしていたキャプテン稲田が3点目を決める。得点力もそうだが、この日は守備力も良くなっていた。1失点して以降は追加点を奪われる危険性がほとんど感じられなかった。優勝するためにとにかく、どんどん追加点を奪わなければという積極性がチームを好転させていた。

後半も攻撃の手を緩めることなく、この日、ベンチスタートだった岡本が鬱憤《うっぷん》を晴らすかのような豪快なゴールを決める。ランニングマンのゴールセレブレーションをバッチリ決めたお祭り男の得点で、ますますサポーターのボルテージが上がっていく。最後はチーム得点王の長尾が片岡からのアシストをダイレクトで決めて５－１。注文通りの４点差で首位決戦を勝利した。

「ありがとうございます！」

試合後の共同会見に臨む岡田オーナー。囲み取材のマスコミ陣に一礼してボードの前に立つ。前回と違い、今日は傍目にもホッとした表情だとわかる。

「僕自身は勝ってくれると思っていたんですけど、ここまでの点差で勝つとは思ってなくて、最後の試合（次節リャーマス戦）で得失点差かなと思ってたんですけど、よくこの点差をつけて勝ってくれたなと思っています。前回（前節アイゴッソ高知戦）は2000人以上に来ていただいて、もう一回見にきてやろう、と満足してもらえるような試合をできなかったんで。今日はそういう意味でも勝っただけじゃなく、もう一回見にきたいと思わせる試合をしてくれたと思っています。感謝しています」

最後にもう1度、深々と頭を下げ、サポーターの待つ観客席に向かっていった。

岡田さんが言うようにまだ優勝が決まったわけではないが、最終節の相手を考えればほぼ手中にしたといってもいい（前期は8－0で勝利）。4点差で勝つまでは想像していなかった分、岡田さん自身もファンたちも我々マスコミ陣も喜びは倍増した。まさに地獄から生還したかのような安堵感が試合後のピッチに溢れかえっていた。

山田もそれを感じていた。

「試合をやる前はみんなどうなっちゃうんだろうと思っていましたが、僕はちょっと怪我しちゃいましたけど、結果が出て良かったです。初め5分くらいで怪我しちゃって、どうしようかと思ってたんですけど、ごまかしきれなかったので途中で替わりました」

山田が実際に交代したのは後半6分のことだ。派手なプレーがあったわけではないが、同点にされた後の2点目につながる稲田への絶妙なフィードボールなどはさすがの存在感を示した。

「(先週と違って) みんながのびのびやっていたし、みんなが点を取らなきゃいけない、そのためにやるべきことをやっていました。今日は余裕を持って、何点目のときはファンのところへ行け！　とか言ってました。サッカーって面白いね、と思わせることはできたかなと」

グラウンドにはすでに優勝を決めたかのような笑顔でファンと交流をしている選手たちがいた。後片づけをするスタッフの足取りも今日は軽そうだ。

そんな中、ほとんど笑顔を見せない一人の首脳陣がミッドフィルダーの小野田を捕まえて身振り手振りを交えて話し込んでいる。まるで敗戦後に叱られている先生と生徒のようだ。あまりの真剣ぶりに小野田も戸惑いながらも神妙に耳を傾けている。それは作戦参謀の吉武コーチだった。

「いやあ、僕はものすごい不満で！」

冒頭からいきなりの先制パンチ。

「もちろん頑張ったのは頑張ったし5－1で (順位を) ひっくり返したのは良いんですけど。自分のメソッド部門の内容としては良くないと思うんですよね！」

パフォーマンスではなく本気で不満な表情を浮かべている。

「ボールを大事にできたかといえば全然大事にできていない。ゴール前の崩しの部分は良かった。けれど、前回のように相手がもっとたくさんいたときには崩れないかもしれない。だったらもっとやり方があるんじゃないかってことで。相手のシュートが入っていれば5－3とか5－4の可能性もなきにしもあらずで」

桑島、岡本、長尾らに話を聞くと、この1週間でもう一度〝岡田メソッド〟を練習で再確認して手ごたえを摑んで試合に臨めたと話していた。

「だから自分の責任かなと……やっぱりちゃんと（選手たちにメソッドが）落ちてなかったと。今何シーンあったかなと。そんなにたくさんのシーンはないんですよね。5点は入ってるけど〝トレーニングした内容〟で相手をちゃんと崩したか。ゴール前のところで点を取る形としてはあります。そこまで行く形はそれほど良くはなかった。3シーンくらいしかなかった気がしますね」

今日の結果、スコアだけを見て「よしやった」、これでメソッドが完成に近づいたと思っていた。それは聞き手が、いやもしかすると今の選手たちもまだ地域リーグのレベルを越えていないからなのかもしれない。

「11月に行われる地域リーグ決勝大会が目標なわけで。じゃあ今日がその大会だったらどうなのかってことを考えると、相手にはもっと凄い選手がいるわけで。もっというと、なぜこういう（ギリギリの）結果になったか、得失点差7の状態で臨まなければならなかったか。ちゃんと点を取れていれば、今日なんか1－0で全然問題ないのにということはある。まだまだだなと思ってます」

吉武さんのこの杞憂《きゆう》が2カ月後にズバリ当たってしまうことになろうとは、この時点ではわかるはずもなかった。

10月4日（日）に行われた llamas高知FCとの最終節にも2－0で勝利し、四国リーグの優勝が決まった。この結果、「地域決勝」への出場権を手にした。最近は知れわたってきた同大会について、ある経験者は言う。骨と骨がぶつかり合う音が会場に響き渡ると。日本一過酷な〝地獄の地決〟と呼ばれる所以《ゆえん》だ。

その地決で、FC今治はなす術《すべ》もなく文字通りの地獄を味わうことになる。

第六章　地獄の地決の始まり

世界に類を見ない地獄の日程を課される〝地決〟とは？

全国地域サッカーリーグ決勝大会(以下、地決)。全国9つの地域リーグチャンピオンに全国社会人サッカー選手権大会（以下、全社）の上位3チームを加えた12チームでＪＦＬ昇格を争う。今回が39回目となるＪＦＬへの最終関門だ。

今年は1次ラウンドが11月6〜8日。決勝ラウンドが11月21〜23日。しかも今回は1次ラウンドの開催場所が愛媛、島根、大分の3カ所、決勝ラウンドは高知で開催となるためＦＣ今治にとってはほぼホームで戦えるとあり何としても〝今年〟勝ち上がりたい大会だ。

過去、ＦＣ今治は愛媛ＦＣしまなみ（アマチュア）時代の2011年、四国リーグで優勝し地決への参加権を獲得したが、チームが消滅したため、出場は辞退。翌2012年に3人からスタートした新チームＦＣ今治として12年、13年と四国リーグを連続優勝し、地決へ臨んだ。しかし、いずれも1次ラウンドで敗退している。その頃は起用できる選手が15人程度しかいなかったこと。初戦を落としたこと。今と比べて雲泥の差があるチーム事情だったこと。敗退の原因を挙げるには枚挙に暇がない。

なお、この大会を勝ち上がり見事Jリーグ入りを果たしたのは、四国では徳島ヴォルティスと愛媛FCのみ。第1号は徳島で1989年地決を準優勝で突破、90年に当時のJSL（旧日本サッカーリーグ）へ昇格。99年にJFLへ参加。2003年と04年にJFLを連覇し、その翌年、四国初のJリーグチームとなった。

一方の愛媛FCは1998年、四国リーグ初優勝から3年連続で地決に出場したが、実は昇格条件である地決準優勝以上の成績を残せてはいない。

2000年の3位が最高だったが、当時Jリーグのエクスパンション（拡張）にあわせJFLも参加チームを増やそうという背景があり、〝推薦〟というかたちでJFLへ特別昇格した。2005年、今度は〝きっちり〟とJFLで優勝し、Jチームとなった。

今振り返ると愛媛FCの場合は〝推薦〟で滑り込んだ、なんともラッキーな形ではあったが、そのチームがこの年（2015年）に名将・木山隆之監督を迎えJ2リーグ5位になり（前年は19位のチームが！）J1昇格への第一関門であるプレーオフまで進出するのだからわからないものである。

話を地決に戻そう。この大会が創設されたのは1977年。各地域のクラブが旧日本サッカーリーグ昇格をかけて争った全国社会人サッカー選手権大会の流れを引き継いでいる。では、なぜ〝地獄〟なのか。

それは、前述の大会レギュレーションを見てもらうと瞭然だ。予選ラウンドも決勝ラウンドも3日間連続で3試合を行うという過酷さにある。3連チャンで公式戦をこなすなどプロの選手でも（むしろプロだからこそ）有り得ない。体力の回復程度を考えても1週間に1回、多くても2回がサッカー選手では限界とされる。FIFA（国際サッカー連盟）のルールでは、最低でも試合と試合との間は48時間空けなければならないと明記されている。

週2回の重要な試合をこなすのはヨーロッパでも通常のリーグ戦に加え、UEFAチャンピオンズリーグや代表戦など過密日程を強いられるようなビッグクラブが主である。それもターンオーバー制（2チーム分）をしっかり取れる場合に限る。日本の〝地決〟に参加するチームで実力的にも体力的にもしっかり2チーム分の戦力を持つところなど一つもありはしない。

また、この大会に参加しているチームは、ほとんどがアマチュア選手で、仕事をこなしながらになる。よって、試合日程が勤務する日にかかる場合は当然休みをもらわないといけないし、休むことができなければ出場できない。

運よく勝てれば会社に面子も立つが、負ければ社内での肩身は狭くなるだろう。勝ち抜ける確率は12分の2という狭き門ではあるが。

負ければその瞬間にもう一度、それぞれの地域リーグに戻って一からのやり直し。何度も言うが、Ｊリーグに到達するためには、この地決を勝ち上がってＪＦＬに昇格し、さらにそこで上位に入らなければならない。今、ＦＣ今治がいるステージはトップリーグから数えて5番目のＪ５という位置づけになる。

しかも、それぞれの地域リーグで1年間培ってきた戦い方、チーム方針がこの短期決戦では通用しないことも考えられる。大雑把に分別すれば、目先だけの勝利にとらわれず、自分たちの目指すサッカーでしっかりボールをつないで勝ってきたチームと、とにかく、ガチガチに守って少ないチャンスをものにするカウンターを信条とするチームがあるが、ＦＣ今治は当然、前者を目指してこの1年チームを作ってきた。

サッカー界ではトーナメントや短期決戦では後者の方が有利と言われる。

日本サッカー協会が世界で通用するために小学年代や中学年代でリーグ戦を推奨しようとしている中、時代と逆行し、旧態依然としているのがこの大会だ。事実、元日本代表である山田や市川などは「このやり方がベストだとは思わない」と疑問を呈している。ワールドカップでも本大会では約1カ月をかけて1チーム最大7試合を実施するのに、この大会だけは3週間の中で、3日3連戦が2回もあるという世界でも類を見ない異常な日程だ。

つまり、この地決に必要なものは、テクニックやボールポゼッション、話題性や有名選手などではない。乱暴に言い切ってしまえば〝フィジカル〟、これのみなのだ。いくら感動的な試合をしても、素晴らしい理念のあるサッカーをしても、敗者には何も与えられない。強靭《きょうじん》な肉体で過酷なサバイバルを生き残ることができれば次のステージへ進めるのだ。

大幅にメンバーを入れ替えた2戦目で痛恨の敗戦

ただ、今のFC今治には決定的にそれが欠けていた。

FC今治はこの大会を勝ち抜けなかった。決勝ラウンドまでもいけず予選ラウンドでの敗退となった。四国リーグ優勝をほぼ決め、歓喜に沸くグラウンドで一人憤慨していた吉武本部長の予感がズバリだったのだ。

確かにFC今治が入ったグループCは強豪が集まる〝死のグループ〟ではあった。

初戦は、11月6日（金）13時30分から阪南大クラブ戦。2戦目は、11月7日（土）13時30分からアルテリーヴォ和歌山戦。11月8日（日）10時45分からが、3戦目となるサウルコス福井戦。

「すべてをそこに持っていく」

岡田さんがそう話した初戦の阪南大クラブ戦でFC今治は1-0で勝利する。

今治は苦戦した。前半23分に得点源である長尾（リーグ17得点）が怪我で離脱。後半22分まで拮抗した状態が続いた。交代出場の乙部のパスを同じく交代出場したばかりの桑島がファーストタッチで素晴らしいボレーを叩き込むと、ようやく愛媛県総合運動公園球技場の約1000人のファンが沸いた。

その後はピンチもあったがアンカーの山田を中心にしっかりと守りきった。

「まあ、結果が出てホッとしてます」

〝初地決〟での初戦の勝利を素直に喜んだ山田。だが、すっきりとはいかなかった前半に釘を刺した。

「明日ホントに試合があるのか。朝起きて顔をつねって確認してほしい(笑)。この3連戦はやったことがないので、できるだけ準備して美味しいもの食べて明日に備えたいと思います」

そして岡田オーナー。

「初戦と言うことで特に前半は硬かったんですけど。その辺をもうちょっと……。あれだけミスするとちょっと厳しい。残りの時間の使い方とか、今日は〝運よく〟勝てたので良かったと思います」

生中継があり、スポーツ記者やカメラなどが中央からやってきている。あの岡田さんが作ったチームはどうなんだ、と初めて観に来たファンも多かった。

「(うちは)ビッグチームでもなんでもないです。いい勝負をするだろうとは思っていましたが……」

どうしても落とせなかった初戦の勝利を〝運よく〟勝てたと冷静に分析する岡田さん。本来ならば今日の課題をこれから数日間かけて調整するのだが、何度も言うようにこの大会は3日間連続で3試合ある。できることは限られている。

FC今治は初戦を1－0で勝ったものの、翌日のアルテリーヴォ和歌山に1－2で敗れる。和歌山は優勝候補でもある強豪チーム。関西社会人リーグで優勝し、初の地決切符を手に入れ、さらに全社でも優勝した。しかも、その大会では主力をほとんど使わない中での優勝だった。

和歌山戦も1000人を超えるファンが詰め掛けた。

結果的にはこの日の敗戦が大きく響いてしまった。

木村監督は初戦のスタメンから7人を入れ替えた。3連戦を見込んで山田を温存。守備のほころびは開始早々現れた。前半の1分と20分に失点。

相手に退場者が出ると反撃を開始、市川からのクロスを片岡がヘッドで決めて追い上げムードとなったが、及ばずに1－2の敗戦となった。初戦を落としていた和歌山が死に物狂いで向かってきた気迫に今治は立ち向かえなかった。

これで1次ラウンドは1位福井（勝ち点6）、2位和歌山（同3）、3位今治（同3）、4位阪南大ク（0）となった（直接対決の勝者が上位）。

3戦目の相手はサウルコス福井。4年連続地決出場の常連で昨年初めて悲願の決勝ラウンド出場を果たした。常連チームでもようやく決勝ラウンドにいけるかどうか。それでもＪＦＬに上がれないのがこの舞台だ。決勝ラウンドへは各グループ1位と2位の中で最もいい成績（ワイルドカード）の4チームしか進出できない。

今治が1位突破するには3点差以上で勝利しなければいけない。とても高いハードルが立ちはだかっていた。現実的には2位の中で最も良い成績を残して決勝リーグへ滑り込むしかない状況だった。

山田、市川の元日本代表コンビ、そしてコロもスタメンに戻すなど、3戦目はベストメンバーで臨んだ。岡本のヘッドで先制したまでは良かったが、追いつかれ2－2の同点のままＰＫに入った。

地決は引き分けがなく45分ハーフの直後にＰＫに入る。勝ち点は90分で勝てば通常通り3が与えられる。ＰＫでも勝ち点がもらえ、勝つと2、負けると1のみ。結局、福井との試合はＰＫで勝利したが（ＰＫ7－6）、この時点でＦＣ今治の敗退は決まっていた。島根で行われた午後の試合でＢグループの愛知・ＦＣ刈谷が2勝したことで勝ち点6まで積み上げ、ＦＣ刈谷が各グループの2位の最高位となった。

もし、今治が90分以内にあと1点を決めていれば、決勝ラウンド進出の権利は自分たちの手中にあった。

地決敗退を受けて、それぞれの思い

痛恨の表情を浮かべる岡田オーナーの姿があった。

「この1年間走ってきましたが、チームとして、会社として、まだまだ足りなかったなと。残念ですけどしょうがないです。ともかく、たかが四国リーグのチームに対してご支援いただいたスポンサーの皆さん、応援してくださったサポーターの皆さん、ほんとに申し訳ないという気持ちで一杯です。なんとか来年恩返しできるようにがんばりたいと思います。当初からここ（地決）が一番難しいだろうってことで、計画では2年かけて上がってやると言っていました。ただ、こういうチャンスはないので、今年昇格したかったんですけど、やっぱりそんな簡単じゃない」

これで今年のＪＦＬ昇格はなくなった。

勝利すれば選手が注目され、負ければ監督が叩かれる。特に2戦目の敗戦については厳しい質問が木村監督に飛んだ。

「（昨日の山田の温存は）初戦に出ているので連戦ではパフォーマンスが落ちるという判断でした。もちろん3勝を目指すうえでの選手起用でした。目先の勝利にこだわっていますが、15人程度いる我々の選手の組み合わせをうまくやりくりしながら一戦必勝を目指しました。

結果的に負けたのでそれは私の力不足です」

「(2戦目を先発7人代えてシステムを変えたが)今考えると最初に失点してしまったのでもう少しやり方があったのかなと。4バックと3バックは夏以降併用していました。なので、3バックでいいと思って入って最初に失点したので、結果として4バックのほうが良かったというのはあります」

試合後、ベンチでうつむいたまま、木村監督の隣でじっと下を向いていたのは吉武本部長だ。

「残念ですね。振り返ってみれば2試合目の敗戦が当たり前ですけど痛かった」

元日本代表という大型補強でも間に合わなかった。当の本人たちも責任を感じていた。

「結果が出てしまったんで悔しいです。岡田さんとフランスW杯のときに出会って、それから17、8年が経って、またこういう形で一緒にサッカーができたことには運命を感じたし、岡田さんの期待に応えたかったので悔しいです」(市川)

「結果が出なくて非常に残念です。純粋に自分たちの力の無さと日程の厳しさと自分のふがいなさと、それだけです。来シーズンは1回契約が切れるので、休んでゆっくり考えたいと思います」(山田)

チームの輪から無理やり引き離され、カメラの前で夢が終わったことの責任と反省の弁を言わされている姿が痛々しい。その向こうでは若い女性ファンから声をかけられ、一緒にスマホにおさまる片岡爽がいる。片岡の心境などお構いなしに嬉々として入れ代わり立ち代わり写真撮影が続いている。

明らかに無理やり作った笑顔だった。この状況でも丁寧にファン対応をする片岡がいた。有名大学を出ながら先の見えない四国のアマチュアチームにやってきた。普通に就職活動をしていれば、一流企業に入って今頃はバリバリ仕事をしていた。同級生が飲み会や合コンで社会人を謳歌する中、今治でアルバイトをしながら昇格だけを夢見て1年間を過ごしてきた。

「まあ、この大会のために……1年間やってきて……」

努めて冷静に振る舞おうとしていたが無駄な抵抗だった。

「……なんとしてもこの1年で上がりたかったので……悔しいです」

「……スイマセン」

堪えていた涙が溢れてきた。手で拭ってもまた涙がこぼれ落ちる。さっきまで写真を撮っていた若い女性ファンが驚いた顔でこちらを見ている。

「……スイマセン」

端正な顔がクシャクシャになる。

たくさんの想いがある。言いたいことがたくさんある。

感情が崩壊しそうになるのを、理性でおさえて踏みとどまった。

片岡にとっては文字通り、自分の人生を賭けたトライだった。ゆっくりと深呼吸をして言葉を選んだ。

「他の道に進む思いはまったくなくて……。自分としてはサッカーを続けるのが大前提でした。どこでプレーするかというときに一番熱心に誘っていただいて、このクラブのためと思って1年間やってきたんで……本当に悔しいですね」

また、長いシーズンを戦わないといけない。

「この1年やってきたからこそ重みがわかります。一歩間違えれば、僕たちもこの大会にすら出られない状況があったので。またここに来るためには今年以上の努力が必要だと思います」

会場から少しずつ人がいなくなる。

チームバスに選手全員が乗り込み、ゆっくりとバスが会場を離れようとしたとき、大きな声が響き渡った。

「FCイマバリッ！　FCイマバリッ！」

最後の最後まで残っていたサポーター十数人が涙を堪えながら声を張り上げ、力の限り太鼓を殴りつけていた。この1年、聞いた中で最も悲しいコールだったが、近くにいたスタッフの青木さんの声に救われた。

「今まで……こんなことなかったですから……」

FC今治の紺のレプリカユニホームを着て、バスが見えなくなるまで声を張り上げるサポーターを見つめている。

「今までは負けても誰もいませんでしたから……それだけでも……」

PK 戦で勝利を収めたものの、予選ラウンド敗退が決定していた第三戦、サウルコス福井戦での試合終了後の選手たち。写真●南海放送

ここで諦めるのか。下を向いたままでいるのか。

悲しすぎる大声援を耳の奥に焼き付けてなお、前を見られる者だけが次のチームに生き残ることができる。

次の戦いはすでに始まっている。

【第二部】

2016年　四国リーグ連覇

第一章　新体制発表会

静かなる闘志がみなぎっていた2016年新体制発表会

2016年2月19日（金）、今治市高橋ふれあいの丘スポーツパークで、岡田体制2年目のシーズンとなる新体制発表会が行われた。昨年よりもかなり規模の小さな会場ではあったが、それでも50人近い報道陣が集まった。

1年でのJFL昇格を逃したとはいえ、岡田ブランドはまだまだ健在で、注目度で低くなったわけではないことを覗わせた。ただ、今年昇格を落とせば本当にもう後がない。大げさではなく、チーム存続の危機をかけた勝負の幕開けだった。地に足をつけた2年目の船出。見栄を張らない、カッコつけない岡田オーナーの覚悟を表した身の丈の演出だった。

変わったのは会場の規模だけではない。

新チームは、監督や選手たちなども大幅に変わっていた。退団したのが17人。また鳴り物入りで移籍してきた助っ人の元日本代表コンビは契約切れで退団。山田はＪＦＬの奈良クラブへ、市川も同じくＪＦＬのヴァンラーレ八戸への加入が発表されていた。

これまでチームの顔だった選手や名の通った選手があっさりといなくなり、寂しい思いをしているファンも多かった。しかし、センチメンタルな想いは昇格には何の役にも立たない。それが昨年思い知らされたことだった。名より実を取る。これまでの実績で評価するのではなく、即効性があり、何年も中心としてプレーしてもらえる継続性のある若い血を入れしようというのがチーム方針でもあった。

新加入選手は大量17人。チーム全体では29人。これが２０１６年のＦＣ今治の全メンバーだ。

岡田オーナー2年目の所信表明演説は、まず昨年の反省や課題も含めた話から始まった。

昨年は派手な登場音と共にステージに現れ、スポットライトを浴びて1時間以上、身振り手振りでの発表会だった。

立派なホールだったので客席とステージは距離があった。が、今年は少し大きめの会議室くらいのスペースなので、とても近い距離にいる。直ぐ目の前で岡田さんがマイク1本で話している。今年は岡田さん自ら距離を縮めようとしているのが感じ取れる。

「……２０１５年を振り返ってみて、正直はじまったときは、会社としてもチームとしてもその体《てい》をなしてなかったと思います。そんな中、ともかくその日のこと、目の前のことをこなすのに精一杯の日々が続きました。まるで自転車操業しているような会社でしたが、トップチームのスタッフ、育成のスタッフ、クラブスタッフが自ら考え、問題を解決してくれて、なんとか1年を終えることができました。

クラブにおいては当初就業規則もありませんでした。半分グレー、半分じゃないな、だいぶグレーでした(笑)。そして、役員会もままごとみたいな役員会だったのが、ようやく役員会らしい役員会になってきた。そして最後にはみんなの力で黒字にしてくださいました。

また育成においてはU-15が全国大会に出る快挙を成し遂げてくれました。そのおかげでセレクションにたくさんの子どもたちがウチに入りたいと集まるようになりました。また育成の巡回指導をやりました。コーチ自らが教育委員会に行ったりしながら、幼稚園を回って巡回したり、これがまたすごく評判がよくて。そのようにスタッフ自らが動いてくれました。

トップチームに関しては残念ながらJFLに上がれませんでした。しかし、四国リーグで優勝し、FC今治のサッカースタイル、これを示してくれたと思っています。JFLに上がれないと思ったときはかなり悔しくてショックでした。(最後の試合から)数時間後だったと思いますが、今治の事務所に全員集合して、そこで『負けたのはたまたまではない、何か意味がある。起こることには必要なことが起こるんだ。この負けた意味を皆で考えよう』と言ったことを思い出します。『今から立ち上がるんだ!』。そんなふうに試合に負けた数時間後に話をしました。そういうスタートができたんです。あそこでまた立ち上がれた。

それも、今治を含めた地元の人たち、また、多くの方たちから支援していただいたおかげだと思ってます。あのあとも、たくさんのメールやお手紙をいただきました。そんな中で今日はこれを披露したいんです……」

おもむろに胸から一枚の紙切れを取り出す岡田さん。

「ずうっと手帳に入れて持ち歩いているんです。このメールをスタッフと共有してどれだけ勇気をもらって、そして感激したか……。長いメールなんで抜粋して読ませていただきます。

『今まで愛媛に住んでいて感じることのなかった高揚感のようなものをこの1年味わうことができたことを感謝いたします。JFLには上がれなかったけど、FC今治はこういう夢に挑戦したんだと歴史を語るに充分な1年だったと思います。今までこれほどまでに一瞬で時間が流れたスポーツ観戦はありませんでした。とても楽しく、悔しく。ここまで集中して観戦したスポーツは久しぶりです。今までの閉塞感ばかりの日々に、今までにないワクワク感。夢を持ち、実現に向け突進することの大切さを教えていただきありがとうございました』」

手元に落としていた目線を、再び目の前に陣取るマスコミ陣の無数のカメラレンズへと向き直した。そして幾分強めの言葉を紡ぎ出した。

「……これは今治の方じゃなくて、松山方面の方です。僕はずっとこれを手帳に入れてるんですけど、こういう支えがあって僕らはまた再び立ち上がりました。こういう人たちの支援を元に2016年の我々は何をやるべきか。ともかくチームもクラブも、その土台をしっかり、自転車操業じゃない本物の力を作る1年だと思ってます。そのためにやるべきことはけたくさんあります。育成の強化、普及。そして質の向上。またはグローバル事業部の中国・杭州緑城との提携を進めること……」

2012～13年に、岡田さんは日本人で初めて中国スーパーリーグ「杭州緑城足球倶楽部」の監督を務めていた。そのときに育成強化にも携わっていた経緯から今回の提携が実現した。

提携の具体的内容は、

①杭州緑城の育成組織システムの構築
②杭州緑城の育成組織の中国人コーチの養成
③杭州緑城の育成チームの強化のための6人の日本人コーチ派遣
④杭州緑城育成スクールの副校長に日本人（倉田安治氏）が就任し、スクール運営全般へのアドバイス

など多岐にわたる。

これはFC今治というチームを強くするだけでなく、〝世界のスポーツ仲間との草の根の交流を深め、世界平和に貢献する〟ための岡田さんのやろうとしている壮大な夢の一つでもある（なお、杭州緑城は岡田さんが監督を退いた翌2014年に元日本代表監督のフィリップ・トルシエ、2015年には元韓国代表の洪明甫《ホン・ミョンボ》が監督に就任している）。このグローバル事業部の契約が昨年より現時点で9000万円ほどプラスになるので予算が3億円弱になる。去年が1億9000万円弱。スポンサーも70社から約120社に増えた。

また岡田さんが叶えようとしている壮大な夢は、一つや二つではない。

「地元今治でサッカー仲間と一緒になって作る〝今治モデル〟の発展。または〝岡田メソッド〟の完成と事業化。そしてアドバイザリーボードのメンバーを中心として開催する予定の〝バリ・チャレンジ・ユニバーシティ〟。まだまだいろいろあります。でも、そんな中でもトップチームが勝たないことには外から認めてもらえません。認めてもらわないとすべてのことが回らない。そういう意味で2016年の最大の目標は……いや、目標じゃないです。必須のことはJFLに昇格することだと思っています。そのためにも私自身も今まで以上にトップチームに、現場に時間を割いていきたいと思っています」

昨年はオーナー業（兼社長）に専念していた岡田さん。去年70社ほどだったスポンサーが今年は120社近くに激増した。JFLに昇格できなかったが、マスコミが取り上げる頻度、練習や試合での露出の高さに驚き、「ウチも支援させてください」と手をあげる企業が続出したそうだ。

監督ではないが、今まで以上に現場に顔も出し、口も出す。

その新しい名称がCMO。チーフ・メソッド・オフィサー。FC今治オリジナルの役職名だ。本人曰く〝吉武監督はじめスタッフ陣を支え、チームを勝利に導くために、より現場に関わる覚悟を決めて今までの指導者人生の中で培ってきた知識や経験のすべてを、FC今治のスタッフ・選手たちに注ぐ〟という意味が込められているそうだ。

現場復帰を決意させた一言「最近の岡田さん、面白くない」

もちろん頑固な性格の岡田さんなので、「最初は絶対に現場には顔を出さない」と固く誓っていた。その強い決意を翻す〝事件〟がこのオフにあった。

「あるとき今治でお酒を飲んでいてこういうふうに言われました。〝最近の岡田さん、面白くない〟というふうな言い方をされました。正直、カチンと来ました。でも、よく考えてみたら僕が経営ということで最初、ＢＳ（貸借対照表）、ＰＬ（損益計算書）も読めなかったのがだんだん読めるようになって資金繰りの予想もつくようになって一端の経営者になった気分で。楽しかったです、経営が。

しかし、誰も経営者になってくれなんて期待してないんだと。僕がやらなきゃいけなかったのは、ヴィジョンや夢を語ってリスクを冒してチャレンジすること。その一番大切なことを忘れて経営にちょっと酔っていた。そのときに目を覚まさせてくれました。今まですべてを背負ってやってきました。長距離ランナーがこのペースじゃ絶対最後までもたない、わかっていてもペースを落とせない。そんな感じで走ってました。きっといつか倒れると自分でも思ってました。

でも、その言葉を聞いてから思いました。皆に任せようと。なぜならそれだけの能力がある奴が揃ってます。しかし、危機感が僕とは違う。じゃあ危機感を持ってもらうためには任せてやってもらうしかない。そうすれば自分が現場に行く時間ができる。そして我々の最大の目標をどんな事があっても達成したいと思ってます」

岡田さんが〝それだけの能力がある奴〟と紹介した人のうち、もっとも信頼する右腕、吉武博文氏が新監督に就任した（前監督木村さんはFC今治レディース監督に就任）。岡田さんに続いて紹介されステージに登場する。

「今（今年のチームの）立ち上げから3週間経ちまして、選手と一緒にグラウンドに立っているとその楽しさが毎日毎日あって、一緒に新しいものに向かっていくのは楽しいなと感じています。そして、夢のあるプロジェクトに向かって意気込みの高い、活気のあるチームの監督を任されるのをすごく感謝しています。昨年度、10年後にJ1で優勝するということでチームを立ち上げて、あっという間に1年が経って、もうあと9年だと……」

新監督として最初の意気込みは落ち着いた冷静な口調ではあったが、目の前の試合をただ勝利するだけでない、少し先も、そしてかなり先も見据えての熱い覚悟が伝わってくる内容だった。

「今年の最大の目標はJFL昇格。そして、シーズン立ち上げの日に選手に2つのことを話しました。一つ目は、昇格はもちろんですが2年後の2月1日もこの選手、同じメンバーでスタートを迎えたいと。今年1年のトレーニング、またはゲームを通じてＪＦＬやＪ３で戦うだけの力をつけてあげたい。一緒に2年後もやりたいという強い願いを込めて話をさせてもらいました。

２つ目は来年できあがります５０００人収容の今治スタジアムを、動員なしに満員にできるような1年間の活動にしたい。そのためには一度観戦に来たサポーターお客様にもう一度……先ほどオーナーから発表がありましたようにメールで感動したと。もう一度ＦＣ今治の試合を見てみたい。月曜日からの仕事だとか日常生活の中で〝活力になったな！〟と感じてもらえるゲームを演出できたらと思ってます！　一度観戦に来たお客様を虜にできるようなゲームをできたらなと思っています。ハラハラドキドキはするけれども結果は残していくとか、ひたむきにボールを追いかける姿だとか、流れるような攻撃だとか、スピーディで意図的な守備だとか、そのようなものをうまく演出できたらと感じてます。それらが絵に描いた餅にならないようにスタッフ、選手も１２０パーセントの力を毎日出しながら、いい結果になるようにがんばりたいと思います」

大量の新メンバーが入った理由はここにあった。人気のある選手や有名な選手をかき集めて即席のチームを1年だけ作るのではなくて、継続して力を出せる、ＪＦＬに昇格してもなるべく同じメンバーでやれるチーム作りの土台を作る。

もちろん昇格することを前提に。それができるのは今日本ではこの2人しかいないだろう。

元日本代表監督が2人揃って現場にいるチーム。育成年代の18歳以下の元日本代表監督が若い選手たちを育て、ワールドカップを2度経験している元日本代表監督が現場でそれをフォローする。

日本はもちろん、おそらく世界でもあまり類を見ない今治にしかないスタッフ体制。これ以上ワクワクするコンビが他にあるだろうか。当の本人が一番ワクワクしているということが岡田さんのコメントからも推察できる。

「先ほど、吉武監督が降格と言いましたけど、そういうわけでなくて(笑)。言ったように経営に対して少しだけ手を空けていけそうなので、その力をこちらに注いで行くと。そして、昨年の反省からトップチームに関しては万全のサポートをしたい。昨年監督とコーチの2人でやったところをコーチを3人にして、専門のマネージャーもつけてやっていきます。それと、ともに指揮命令系統もしっかり明確にすることを考えました。その中で私がどういうふうにチームに関わるのがいいのかと。

吉武監督とはお互いの良いところを持っています。私には少し吉武監督より経験があります。そういうものを足して最高のものを作ろうと日々話し合っています。今、一緒にウチの家に住んでますので(吉武監督は)ウチのかーちゃんです。〝今日遅くなるからな〟〝じゃあ先にお風呂入ってます〟ってそんな関係なんで(笑)。その辺りのコミュニケーションをしっかりとって最高のものを作っていこうと。

ただ、自分を総監督にすると選手たちは俺にも決定権があるみたいで迷うのではないかと。なんかいい名前ないかと考えたのがＣＭＯという名前です。チームを何とか外からサポートして目標を達成できるように協力していきたいと思います。昨年までは試合を見ても感想を伝えるだけだったのですが、今年からは練習内容を決めるスタッフミーティングから参加して練習も参加します。終わってからのディスカッションも参加しています。先日の宮崎キャンプもほとんど参加させてもらいました。そうやって今まで以上にコミュニケーションをとるというイメージです。ベンチに入るかはまだ決めていません。昨年もベンチに入っていたときもありましたが、逆に勝負どころではいないほうがいいのかなと。その辺は監督と相談します」

第二章　四国リーグ開幕

急転直下？　日本サッカー協会副会長という二足の草鞋を履くことに

3月27日。ＦＣ今治キックオフパーティー、場所は今治国際ホテル。

来月3日には早くも第40回四国リーグが開幕する。リスタートして2度目のチャレンジ。

実はこの時、選手たちの仕上がり具合とともに、ファンとしてもう一つ気になるニュースがあった。

それは岡田さんが日本サッカー協会の副会長に就任するというもの。そのニュースは数日前に新聞報道されるなど取りざたされていたが、ちょうどこの日に日本サッカー協会が新体制を発表。田嶋幸三副会長が新会長に就任し、正式に岡田さんが副会長に就任したと発表された。

今治でチームのキックオフパーティーがあるため、岡田さんは日本サッカー協会の会見は欠席したが、ファンの中にはこのままFC今治を辞めてしまうのではと心配する声もあがっていた。

その声を打ち消そうと和やかに開催されていたパーティーの挨拶では、岡田さん自ら日本サッカー協会副会長就任の経緯について直接支援者の前で説明をした。

あくまでも拠点は今治であること。そして日本サッカー協会副会長は〝非常勤〟という立場なので、FC今治を投げ出すことはないことを強く訴えた。

「仕事が2倍になるというのではなく、10ある仕事が11くらいになるだけだ」とファンの前で話した。

「日本サッカー協会副会長を引き受けるときに今治市民の方に(東京に)帰ってしまうのかと言われるのが一番心配だった。あくまでもあちらは非常勤。今年は必ず日本フットボールリーグに上がるのがメイン。去年よりチーム力は上がっているが、勝負は甘いものじゃない。引き締め直して四国リーグを制し、地域決勝大会に臨めるようバックアップしたい!」

約200人の支援者の前で固く誓いファンを安心させた。


【4月3日(日)四国リーグ開幕戦　中村クラブ　0-5　FC今治】


「雨があんまり強くならなきゃいいんだけどなあ……」

試合直前の選手控え室前。大粒の雨を恨めしそうに見上げながら岡田オーナーは言った。

2016年4月3日、新生FC今治にとって、岡田オーナーにとって2年目となる四国リーグのスタートは、アウェイ高知市春野陸上競技場で行われた。

今年の第40回四国サッカーリーグは、高知県4チーム(高知ユナイテッドSC、KUFC南国、llamas高知FC、中村クラブ)、香川県2チーム(アルヴェリオ高松、多度津FC)、愛媛県1チーム(FC今治)、徳島県1チーム(FC徳島セレステ)の計8チームでホーム&アウェイ方式で9月25日まで14節のリーグ戦を行う。優勝チームが全国地域リーグ決勝大会に進出し、原則として優勝と準優勝の上位2チームはJFLに自動昇格する。

会場は朝から大雨。予報でも一日中降り続くと出ていた。

悪天候は、お客さんの出足にも大きく影響していた。メインスタンドには11時から先に始まっている高知ユナイテッドSC対アルヴェリオ高松の応援をしている人たちが数十人。それに紛れて、今治からのバスツアーやマイカーなどで駆けつけた200人ほどの応援団が傘を差して観戦している。

「今の試合(今治の前の第1試合に行われた高知ユナイテッド対アルヴェリオ高松を)観ても開幕戦、みんな硬いんでね。リラックスして入ってくれればと思いますね」

昨年はチームオーナーということで試合観戦はサポーターと同じ応援席で見ていた岡田さん。今シーズンからはより現場に関わるというCMO(チーフ・メソッド・オフィサー)になった。

「いやあ、去年と変わりはないですよ（笑）。今回ベンチに入りますけど何もしないですから外で見ているのと一緒ですよ。今日は勝ってくれればいいです」

落ち着いて静かに答える岡田ＣＭＯ。

もう一人、去年とは違う立場で今シーズンを戦うのが吉武監督だ。

去年まではスタンドに陣取り、岡田さんからのアドバイスをベンチに伝えたり、ベンチ内で木村前監督のフォローをしていた。いわゆるトップコーチだった。今年からは監督である。岡田ＣＭＯのアドバイスは当然受けるが、最終的にすべてを決定するのは吉武監督だ。

代表監督のときと同じような手腕をクラブチームの監督としても発揮できるのか。今治のファンだけでなく日本中のサッカー関係者も大いに注目している。

「監督だろうがコーチだろうがＦＣ今治の一員としていいゲームをしてもらいたいですね。今までトレーニングしたことができるかできないかですね」

こちらも百戦錬磨の指揮官、浮き足立っている様子は微塵もない。

順風満帆なスタートも大勝に浮かれることもなく

試合は予想通りＦＣ今治の大差で終了した。だが、今日の勝利を一喜一憂している場合ではない。四国リーグを優勝するのは当然。それでいて内容も求められる。初めて見に来たお客さんがまた来たくなるようなサッカー。FC今治が掲げる目標は多くて高い。そしてそれを具現化できるスペシャリストも揃ってきた。話題性だけではないところを見せなければ、夢の実現は画餅に帰すことになる。

当然、吉武新監督の自己評価も厳しくなる。

「勝ち点3を取れたのは喜ばしいことです。昨年度のメンバーよりも選手を変えてチーム力的には上がってないとおかしい、上がって当然なので。難しいのはわかってますが1位で抜けないといけない。なので、勝ち点3を取ることプラス、質の高いサッカーをしていかないといけないので少し不満はあります。

先制点が何分に入るかはいつでもかまわないんですが、それまでの20分で意図的にボールが動けばそれでよかったんですが、そうではなかったのが問題。お客さんがワーッって沸くシーンは数カ所しかなかった。5点入りましたが、自分の中でこう入ればなと思った得点ではなかったですね。悪くは無いですけど」

試合中、その辺りの不満や課題が気になったのか、ベンチの隣にいる岡田CMOとしきりと話し込んでいた。あの選手はここができるけど、この選手はここがまだできないねという具合に。

試合終了のホイッスルが鳴り、ベンチ横に座る吉武監督やコーチらとの握手を済ませると足早に控え室に消えていった岡田オーナー。

試合中はずっと立って指示を出している吉武監督とは対照的に座ったままでいた岡田CMO。時折、隣のスタッフと確認するために話をしたり、岡山和輝が得点したときには小さく拍手をするなどしていた。

いよいよはじまった自身2度目の四国リーグ。開幕戦の勝利は嬉しいが、目指すところはその向こうにある。焦らずきっちりと9月25日までの最終戦を戦わなければいけない。

「今年の意気込みもクソもやるしかないんだもん。（JFLに）上がらなきゃ（チームが）ないくらいの気持ちでやってるから。僕らの成功は、見に来てくださったお客さんがもう一回来ようと思ってもらう試合をやることだから。まあもうちょっとだなと。去年の開幕戦よりはだいぶ上がっているとは思います」

チームとしての完成度はまだまだ不満足。CMOとしての感想とともに、やっぱりオーナーとしての、代表としての気持ちも覗かせた。

「（お客さんが）あんまり来てなかったね。去年（開幕戦）のほうが多かったように思う。第1試合の高知ユナイテッドの試合が終わったらサッといなくなったんで。雨だからしょうがないけど、まだまだ力不足かなと。アウェイでもたくさんの人に来ていただけるようにがんばんないといけないと改めて思いました」

少し声のトーンが落ちてきた。お客さんが少なかったのは雨のせいだと思いたい。今年のほうが今治市民やマスコミの反応はよくなっている。事実、スポンサーの数はかなり増えている。地元で開催すれば絶対にたくさんの人たちが来てくれるはず。試合内容と同じように観客動員も一歩ずつである。

「地元開幕まで2週間あるんでね。明日も神戸まで行ってヴィッセルの2軍と練習試合やらせます。地域決勝なんか3試合連続なんで。そういうシミュレーションもしておきたいんでね」

昨年は何もかもがバタバタでうまく準備ができていなかった。

日本一（世界一？）過酷といわれる〝地獄の地決〟を突破した先にあるJFLへの道は勢いや話題性だけで駆け抜けられるほど甘くない。

FC今治のように日本プロサッカーリーグが認定した〝Jリーグ百年構想クラブ〟が全国で7つ（2016年5月時点でJFL所属5、地域リーグ1、関東1部1）。それを除きJリーグを目指しているチームがこの時点で全国に59もある（JFL4、地域26、都道府県29）。

FC今治のように全国的に注目はされていなくとも、地道に力を付けたり、派手な補強をしたりしているチームは多い。Jへのサバイバルは年を追うごとに厳しくなっている。

この日は下位相手とはいえ5－0の差をつけての勝利だった。ただ、天候がよければ当然もっとできたはずだった。事実、コンディションに恵まれた第2節ではFC徳島セレステを終始攻め続け8－0で下している。なんにせよ2年目の岡田丸は順調なスタートを切ることができたようだ。

第三章 四国リーグ連覇

盤石に積み上げられるリーグ戦の白星

四国リーグ3試合目は、今シーズン初めてとなるホーム今治市桜井での開催だった。チームの観客動員の目標は2000人。前日までスタッフや選手たちと試合会場近くの民家を訪ねてチラシを配るなど来場を呼びかけた。

地域リーグは入場料を取れないルールがあるため、チケット収入を見込めるわけではないが、今からチームを愛してくれる人は多ければ多いほどいい。その核となる人たちがいてこそJFL、Jリーグと昇格するに従って加速度的に増えていくはずだ。日本中にJリーグを目指すクラブチームが星の数ほど増えた現在、どのチームも通ってきた、または今通っている道がある。当然、FC今治も今からできることは何でもやっておくつもりだ。

スタッフたちの地道な活動の結果か、この日は1450人が来場した。桜井のグラウンドはほぼ満席状態になった。ピッチ際1メートルに設置された桜井お馴染みの〝かぶりつきシート〟は今年も健在。ゴール裏には仮設スタンドも設置された。2千人の目標人数には届かなかったが、四国リーグとしては異例の多さだった。

午後1時に今年のホームゲーム開幕戦が始まった。

相手は昨年6位の格下チーム、llamas高知FC。立ち上がりからFC今治が主導権を握り、2度のチャンスを作った。しかし、相手のベタ引きの守備に手こずるいつものパターンに陥った。

開始20分が経過してもゴールが生まれない。

徐々に会場が停滞ムードに包まれてくる。サッカーを見慣れた人の多い地域ならば不甲斐ない戦況に苛立ち、応援の声を張り上げるなりブーイングが起こるなりする頃だ。しかし、お客さんたちは何のリアクションもなく、静かに観戦している。聞こえてくるのはサポーターの太鼓の音と選手たちの声のみ。満員のサポーターが逆に寂しさを引き立てる。

ここはまだサッカー初心者が大多数、野球はお馴染みだが、サッカー観戦に慣れていない人が多い。誰もが知っているような有名な選手がいるわけではなく、去年覚えた数人の選手はわかっても、大幅に入れ替わった新加入選手は本邦初公開に近い状態だった。おそらく、ほとんどの来場者が唯一知っているのは岡田さんのみだろう。

0－0のまま前半が終了。1500人の観客からは拍手もため息もない。試合は静かにハーフタイムに入った。

前半は絶対に無失点で凌いでやるという相手の狙いはあからさまだったが、それはFC今治にとって想定内のこと。昨年同様、今年も全チームがFC今治に対してそのやり方で向かってくるのは承知していた。そこを鮮やかに打ち破ってくれる〝岡田メソッド〟をみんなは観に来ている。

結局、後半にゴールを奪って1－0で勝利したFC今治。

今年のホーム開幕は辛勝だった。相手は開幕から2連敗だったので、是が非でも3連敗は逃れたいという気迫があった。

後半、攻撃的な選手を投入してから決定機は増え、観客が沸くシーンはいくつかあった。しかし得点に結びつかなかった。そうなると、数多くチャンスを作ったことよりも、チャンスを外してしまったという印象の方が強くなる。

「サッカーって僅差のスポーツなので。1－0で勝ち点3を取ったのは良いと思いますが、もう少し前半シュートの本数を多くしないといけない。もし最後の場面で相手に速い選手がいたら1－1で勝ち点1、というゲームでもあったと思っています」

試合後、冷静に話した吉武監督だったが、「去年より流動性がなかったように見えた」という記者の質問に少し感情を見せた。

「昨年度の選手たちより質は上がったと思っています。サッカーはミスのスポーツなので、ミスは一杯ある」と冷静にコメントを返した。
その後、FC今治は連勝街道をひた走ることになる。リーグ前半の結果は以下の通り。

【4月24日(日) 第4節 多度津FC 0－2 FC今治】
【5月1日(日) 第5節 アルヴェリオ高松 1－10 FC今治】
【5月15日(日) 第6節 FC今治 2－1 高知ユナイテッドSC】
【5月22日(日) 第7節 KUFC南国 0－2 FC今治】

どの試合も圧倒的に試合を支配した中の勝利。昨年よりレベルは確実にアップしていた。唯一苦しんだのは最大のライバルと目された第6節の高知ユナイテッドSC戦。一進一退でお互いが前がかりに攻め続けるハードな試合内容をモノにした。しかも逆転で取れたことに大きな成長を見ることができた。

試合後、桜井の試合会場はこの勝利にお祝いムード一杯だったが、例のごとく吉武監督は渋い感想で振り返った。

「勝ち点3を取って選手たちは頑張ったが良いゲームじゃなかった。自分たちの時間が少なかった。後期に向けて対策を練らないと。あまり気分は良くないです。(2位と勝ち点差がついたからといって)余裕があるとはまったく思っていません。リーグ戦はそんな容易いものではありません。ゆくゆくは〝地決（次のステージである地域決勝）〟があるわけです。地決に自信を持って戦うために、勝ち点の多さはまったく関係ない。課題はたくさんあるなと……自分は気分が良くないですね」

指揮官は憮然としていた。

その様子とは対照的に、手放しで良かったと言えるのは観客動員数だ。この日はチーム史上最多となる2270人ものサポーターが桜井に訪れた。入場料が無料であること、試合の重要度の高さという要因もあるが、FC今治というチームが徐々に浸透してきた証左でもある。

（なお、共に雨のホーム開催となった第8節の観客数は770人、第9節は894人）

【6月5日（日）第8節　FC今治　6－1　中村クラブ】
【6月12日（日）第9節　FC今治　6－0　FC徳島セレステ】
【6月19日（日）第10節　－－Iamas高知FC　0－3　FC今治】

残り4試合を前に、FC今治は文句なしの10戦全勝で四国リーグ首位に立ち続けた。

だが、選手もスタッフも重要なのはこの後に控える〝地獄の地決〟だとわかっている。

6月19日の10節が終わると、次の11節が行われるのは8月14日なので、約2カ月のブレイクができる。

岡田さんはこの中断期間も精力的に動き回っていた。ＬＤＨが展開するダンス・ボーカル・アクトスクール「ＥＸＰＧ ＳＴＵＤＩＯ」の生徒たちに向けて、松山市でセミナーを開き、夢を持つことの大切さについて講演した。

日本代表監督だった頃は、家に脅迫電話や手紙が山ほど送られてきたといったエピソードを交え、夢を語るときに絶対に無理だという〝ドリーム・キラー〟に負けないことの大事さなど、集まった50人ほどの少年・少女たちに1時間ほど熱く語った。

また、別の日には今治地域の活性化に向け、チャレンジ精神を持った若い人材の育成を目指すイベント「BARI Challenge University（ＢＣＵ）」開催に向けて設立総会を開いた。

この総会には、今治市の菅市長や青年会議所から10人の理事らが出席。第1回ＢＣＵでは大学生１００人を対象に「ＦＣ今治の複合型スタジアムによる地域活性化」のアイデアを出し合い、8月28日の最終日に発表。菅市長が〝名誉学長〟に、岡田さんが〝学長〟に就き、「イベントを毎年続けることで社会起業家など様々な人材が今治で育てば良いと思う」と意気込みを語るなど相変わらずサッカー以外の地域活性化、地方創生への取り組みに大忙しだった。

さらに6月25日には、サプライズでインテル・ミラノ所属の長友佑都選手（西条市出身）が今治市の桜井グラウンドに岡田さんを訪れて県民たちを驚かせた。

これだけでは終わらないのが岡田さんのすごいところ。長友選手に続いて今度はなんとあの本田選手も登場させる。本田選手のマネジメント会社が経営に参画し実質オーナーを務めるオーストリア2部リーグの「ＳＶホルン」が6月上旬にオーストリアで親善試合を初開催。その大会になんとＦＣ今治を招待するという豪華なもので開催前から中断期の超目玉として注目されていた。

第1回「SAP NO LIMITS PROJECT presents SV HORN CUP」と題したこの大会は4月に発生した熊本地震の被災者支援のため、オーストリア東部クレムスで7月6日に開催された。大会にはＦＣ今治をはじめオーストリア1部リーグへ昇格したザンクト・ペルテンと、同2部に昇格したばかりのＳＶホルンの3チームが1試合60分の総当たりで参加した。入場料とスポンサー収入は被災地とオーストリアの慈善事業に寄付された。初戦でザンクト・ペルテンを1－0で下していた今治はその勢いのままＳＶホルンにも3－2で勝利。第1回ＳＶホルンカップで優勝。日本の地域リーグ所属のチームが、ヨーロッパ中堅クラスとは言えプロのチームに勝利し堂々とタイトルを獲ったことは驚きであった。四国リーグ中断期のオーストリア遠征は話題性としてもチーム強化の意味でも成功に終わった。

着々と進められ浸透する岡田今治の〝地方創生〟

2年目はチーム力のアップとともに〝地方創生〟の部分でも去年に比べ確かな手ごたえを

感じていた。〝FC今治＝岡田武史〟というワードは、地元今治はもちろん、愛媛のスポーツファンなら知らない人はいないくらいになっていた。もちろんそこで満足してしまうような岡田さんでもなかった。

「ようやくちょっと皆さんに認知してもらえるようになったかなと。でも、我々が〝だいぶやったな〟と思ってもまだまだそんな簡単なことじゃないと。それはポスターを貼ったり色々なことをしたり、お客さんに挨拶したりしてるけど。やっぱり我々がFC今治だけで集まってがんばって、FC今治だけで飯食ってだけじゃなくて、我々が地域に出て行って人間関係を作っていかなきゃいけないいんじゃないかと。もっと今治で友達を作って観戦する人を増やすために〝友達作戦〟というのを始めてるんです。

こっちにきて友達が一人もいないのはおかしいと。今残業は20時までということで、あとは(今治の)町に出てフットサルするなり色んな友達を作ることを今やろうとしています。で、友達が友達をスタジアムに呼んでくれればと。地道な活動になると思いますけど、そういうことでもうちょっと皆さんに知ってもらって。そんなつながりをつくるためにもクラブがもっと町にとけ込む必要がある。で、町が元気になるような方向に行けばなと思います」

〝友達作戦〟は岡田さん自ら先頭に立って音頭をとった。

8月6日と7日に開催された今治のお祭り「おんまく」で矢野将文社長をはじめ、トップ

熊本地震の被災者支援のため開催された「第1回SVホルンカップ」では優勝を果たした。写真●アフロ

チームの選手たちが踊りに参加していたとき岡田オーナーも飛び入りで参加。〝酔っ払っていたから〟とはいえ、おどり連の先頭で一人ふらつきながらリフティングをしている岡田さんの姿を見た地元の人たちは大いに盛り上がった。

岡田さんが提唱する今治の未来像。〝妙にコスモポリタンで色んな外国人もウヨウヨしていて皆がイキイキしているようなそういう町にならないかな〟

その新たな取り組み——岡田武史〝学長〟によるワークショップ型イベント「バリ・チャレンジ・ユニバーシティ（BCU）」が8月27日、28日今治市で開催された。

スポーツや地方創生をテーマとした5つの公開講座や、岡田さんと青野慶久サイボウズ社長（今治出身）らによるトークセッション。また全国から集まった高校・大学生、社会人ら約100人が「もし、あなたがサッカークラブのオーナーとしてスタジアムを建設することになったら」というテーマでスタジアムを通じた町の活性化を岡田さんらと考える発表会を開催（この発表会には定員100人に約450人の応募があった）。

トークセッションは今治市片原町1丁目のみなと交流センター「はーばりー」であり、コミュニティデザイナーの山崎亮・東北芸術工科大教授が講演。岡田さんが目指す複合型スタジアム構想には強いチームや立派な施設も大事だが、そこで地域の人が何をするか、人が集う目的に何があるかを考えると幅が広がると強調した。

青野サイボウズ社長は「スタジアム近くのイオンモールで食事や買い物をした後、スマホを入り口でかざせばチケットレスで観戦できたらいい」などと答えた。

岡田さんは、イタリアの名門サッカーチーム「ユベントス」では6万5000人収容の陸上競技場をレストランやショッピングセンターが入る4万人収容の複合型スタジアムに改造したところ、160キロ以上遠方からのお客さんの割合が10パーセント以下から55パーセントに増えた事例を紹介。これまでは試合が終わるとすぐに帰っていたお客さんが2時間前に来て半日以上ずっとそこにいるようになったといい、「今治新都市全体でそんな場所を作りたい」と話した。

岡田さんはこの後開催される2泊3日の発表会に参加する100人の若者たちにも講演。「僕らはもう年寄りの……実は昨日還暦になったんですけどね（会場拍手）。あーありがとうございます。もっともっと驚くような発想、そういうのがあったらぜひ、我々がパクッと、パクリはしないです。皆さんに起業してもらったり、皆さんに実際にやってもらったり、そこまで考えております」

連日にわたる若者たちの議論を見た特別講師でFC今治アドバイザリーボードの一員のキャスター国谷裕子さんは、「ここにはある種、ダボス会議（世界中の自由主義者が集う経済フォーラム）的な雰囲気が漂っているなあと。ここで生まれたさまざまなアイデアや知恵がいつの間にか全国に広がる。そのきっかけになればいいなあ」と興奮した様子で感想を述べた。

最後に岡田さんは「実行したい要素がたくさんある。考えるだけでなく行動することが大事で、今回集まったメンバーに継続性を持たせたい」と3日間を総括。今回の手ごたえと次回開催の早期必要性を訴えていた。

【8月14日（日）第11節　FC今治　2－0　多度津FC】
【9月11日（日）第12節　FC今治　10－0　アルヴェリオ高松】
【9月18日（日）第13節　高知ユナイテッドSC　－　FC今治】

これで開幕12連勝。首位をキープしたままの大一番を迎えた。2位の高知ユナイテッドSCとの試合がアウェイ、春野陸上競技場で始まった。この日が終われば、残り1節は地元今治での最終戦のみ。

FC今治は引き分け以上で四国リーグ優勝が決まるという試合だった。優勝決定の瞬間を自分の目で確かめたいと高知にやってきたサポーターは約500人。

試合前に強い雨が降り始める。その影響で試合は30分遅れで始まった。FC今治は前半36分に先制する。これで優勝を手繰り寄せたかに見えたが、今日の敵は高知の雨だった。

1－0のまま迎えたハーフタイム。

天候を見ながらハーフタイムも大雨のために15分延長された。

後半を何とかキックオフしたものの、雨だけでなく、ついに雷がなり始めたため、試合はついに中断。その後、後半を始めたが14分が過ぎたところで2度目の中断。30分近く待機するなどしたが、結局、試合続行は不可能と判断されて没収試合となり、再試合を開催するという異例の事態となった。

（＊雷での中断時間の最大は累計1時間が目安、試合は後半25分を過ぎていれば成立する）

【9月25日(日) 第14節 FC今治 6－1 KUFC南国】

四国リーグ優勝が懸かった試合も雨となった。しかし今日は優しい雨だ。6－1の圧勝。これで13節の代替試合がある10月9日の最終節を待たず、2年連続4回目の四国制覇を達成した。しかも13試合すべてに勝利した（優勝が決まった後に開催された13節は1－3高知ユナイテッドSCで唯一の敗戦）。

昨年はアウェイでの優勝決定だった。リーグ制覇を地元今治で決めたのは初めてだった。FC今治がJFLに昇格すれば、もうここで公式戦を戦うことはない。最後の四国リーグが開催された桜井で優勝を決めることができた。

先日の豪雨と雷がなければそれは叶わなかった。これもサッカーの神様が演出した粋な計らいだろうか。試合後、笑顔でハイタッチを交わす選手たちが観客席に向かった。

ＦＣ今治に関わる誰もがここまでは通過点と捉えている。いよいよ次のステージへ行くための本番がやってくる。去年越えられなかった大きな壁だ。

次のステージ〝地域決勝〟は30回を記念して今回から『全国地域サッカーチャンピオンズリーグ（ＣＬ）』と名称を変えていた。だが、ただ名称が変わっただけで〝地獄〟の部分はまったく変わっていない。岡田さんが意気込みを語った。

「ＣＬとは３試合連続を２回やるという非常に過酷なもので、力があれば勝てるのではなく、力以外の要素が入る余地がたくさんあるので簡単にはいかないと思ってます。ただ、我々はそれを突破できる力があると思ってるし、信じていますので。どんなことがあってもそこを勝ち抜きたいと思っています」

これで半年にわたる四国リーグの戦いが終わった。ＦＣ今治は連覇を達成した。全勝優勝とはならなかったが、四国リーグ王者として今年もＪＦＬ昇格に挑む。

第四章　地獄の地決を乗り越えて

何が何でも乗り越えないといけない〝地獄〟の地決が開幕

ＦＣ今治にとって本番となる地域チャンピオンズリーグ（以下、地域ＣＬ）は11月11日に開幕する。

その前に10月22～26日に開催されるのが「第52回全国社会人サッカー選手権大会」、通称「全社」だ。

「全社」とは全国９つの地域の予選を勝ち抜いた31チームと、その年の開催県代表チームあわせて32チームのアマチュアチームがノックアクト方式で優勝チームを決める大会だ。

学生チームもあるが、ほとんどは働きながらサッカーをしている選手たちばかり。全国に５０００以上あるとされるアマチュアの社会人チームの頂点を決める大会であり、原則上位３チームに残れば、11月に控える地域ＣＬへの出場権が与えられる

（全社4位までのチームで地域CL出場権がない場合は最大で上位3チームに地域CLの出場権が与えられる）。

ＪＦＬ昇格のためにはまずは地域CLに出場しなければならない。それぞれの地域リーグで優勝し、その出場権を持っているいわゆる〝権利持ち〟のチームも本番へのシミュレーションとして全社に参加するし、地域リーグで優勝できなかったチームはＪＦＬ昇格へ最後の望みをかけてこの大会に臨む。将来のＪリーグ入りを目指しているチームにとって敗者復活のラストチャンスの舞台だけに試合内容も当然激しいものになる。

その「全社」がこの年は愛媛で開催される。

来年２０１７年に愛媛県は第72回国民体育大会の開催を控えており、この「全社」は国体のリハーサル大会としても位置づけられていた（前年いわて国体で単独チームとして出場したＦＣ今治は準々決勝敗退、なお、成年女子の部は優勝）。しかも開催される愛媛県内５会場のうち準決勝以上は地域CLでも使われる西条市ひうち陸上競技場でもあった。

開催県枠として出場するＦＣ今治にとって本番と同じピッチで試合ができる絶好の機会。なにがなんでもベスト４以上というのがチームの目標であった。今回全社に出場する32チームですでに地域CL出場権を持っているのはＦＣ今治と東京23ＦＣの２チーム、他30チームはそれぞれの地域リーグで惜しくも優勝を逃した強豪ばかりだ。

10月22日、松山市北条陸上競技場。全社でのFC今治初戦の相手は関西リーグ3位の関大FC2008。関西大学サッカー部の社会人チーム。14時40分キックオフ。若さと勢いがある大学生チームとはいえFC今治が負ける相手ではない。

立ち上がりはヒヤッとしたが4-1で貫禄勝ち翌日の2回戦へコマを進めた。

しかし、なんと翌日の2回戦でジョイフル本田つくばFCにあっさりとPK負けしてしまう(0-0、PK1-4)。最低でも3試合は勝って地域CLの舞台であるひうち陸上競技場までのプランが簡単に崩れてしまった。

その3日後、10月29日。敗戦のショックが癒やされる時間のないまま「全国地域チャンピオンズリーグ2016」の組み合わせ抽選会が東京のJFAハウスで開かれた。

抽選会の結果は以下の通り。

【1次ラウンド】

Aグループ（愛媛会場）：ノルブリッツ北海道（北海道地域／北海道）、FC今治（四国地域／愛媛）、ヴィアティン三重（全社3位／三重）、SRC広島（中国地域／広島）

Bグループ（富山会場）：三菱水島FC（全社1位／岡山）、FC刈谷（東海地域／愛知）、コバルトーレ女川（東北地域／宮城）、アルティスタ東御（北信越地域／長野）

Cグループ（山梨会場）：鈴鹿アンリミテッドＦＣ（全社2位／三重）、アルテリーヴォ和歌山（関西地域／和歌山）、Ｊ．ＦＣ ＭＩＹＡＺＡＫＩ（九州地域／宮崎）、東京23ＦＣ（関東地域／東京）

1次ラウンドは地域リーグを優勝した9チームと全社枠を勝ち取った3チーム、計12チームで争われる。右記のように4チームずつA～Cの3グループに振り分けられ、11月11日（金）～13日（日）まで3日連続3試合総当たりのリーグ戦を3会場で実施。

各グループ1位と各グループ2位の中で成績上位1チームの計4チームが決勝ラウンドへ進出。決勝ラウンドは11月25日（金）～27日（日）千葉県市原市・ゼットエー・オリプリスタジアムでの開催が決まっている。

こちらも3日連続3試合の4チーム総当たりのハードスケジュール。原則、上位2チームのみがＪＦＬへ昇格できる（昇格意思のないチームが上位になるとこの限りではない）。

ＦＣ今治は去年に続き地元愛媛で戦うことができる。Aグループは西条市ひうち陸上競技場で3試合を開催することになっていた。

1年間、最大にして必達目標の本当の戦いがここから始まる。もしも失敗するようなことがあれば、また四国リーグからやり直さなければならない。それは絶対に避けなければならない。昨年と同じ轍を踏んではいけない。

【11月11日(金)　FC今治　3－0　ノルブリッツ北海道】
【11月12日(土)　FC今治　8－0　SRC広島】

2連勝してグループ首位。対抗馬とされる三重は初戦を6－0(対広島)、2戦目を3－1（北海道）で下して両チームともに2連勝していた。これで勝ち点差は同じ6だが得失点差で今治がリードしている（今治＋11、三重＋8）ため、この時点では今治が1位で三重が2位となった。

11月13日(日)、1次ラウンド最終戦の第2試合。FC今治対ヴィアティン三重の試合は相手のカウンター攻撃をまともに受け、前半だけでまさかの3失点。今治は3戦目を0－3で落としてしまったのである。

ただ、負けはしたがワイルドカードで決勝ラウンドに進出。

0－3の完敗だったにもかかわらず、なぜ決勝ラウンドに行けることになったのか、もう少し詳しく説明したい。

2日目を終えた時点でAグループはFC今治が2連勝で勝ち点6、三重も勝ち点6。Bグループはアルティスタ東御と三菱水島FCが勝ち点6、Cグループは鈴鹿アンリミテッドFCが勝ち点6、東京23ＦＣが勝ち点5でそれぞれ1位2位になっていた。

しかも今治と三重は第2試合で、他の2グループの上位対決は第1試合だった。

その第1試合が終わった時点でＢグループは三菱水島が3連勝で1位抜け。Ｃグループは鈴鹿が同じく3連勝ともに勝ち点9で1位抜けを決めた。

これで第2試合が始まる前で勝ち点6なのは今治と三重と、Ｂグループのアルティスタの3チームだけになっていた。仮にこれからの試合で今治が90分で勝てなかったとしても得失点差でアルティスタを圧倒しているので（アルティスタ＋1、今治＋11）0－10という大差で負けない限り、今治の決勝ラウンド進出は決まっていたのだ。

決勝ラウンドに進出したのはグループ1位突破がヴィアティン三重、三菱水島ＦＣ、鈴鹿アンリミテッドＦＣの3チーム。そして2位で最も良い成績のワイルドカードで滑り込んだＦＣ今治の計4チーム。

決勝ラウンドは11月25日から。これも3日間連続3試合開催。4チーム総当たりで原則上位2チームがＪＦＬ昇格の権利を獲得する。今年の最終目標にあと一歩まで来た。

ただ三菱水島はチーム方針でＪＦＬには上がらないことを決めているので、事実上3分の2が昇格するという、ＦＣ今治にとってはなんとも広き門となった。

激闘を制したFC今治「今治、東予の方々に支持されなきゃできない」

11月25日。会場は千葉県市原市、ゼットエー・オリプリスタジアム。

FC今治の初戦は今日の第2試合。相手はグループCを全勝で勝ち上がってきた鈴鹿アンリミテッドFC。全社で2位という成績を残し、敗者復活で地域CL権を取ったチームだ。

試合が動いたのは19分だった。今治らしいショートパスからサイドチェンジで揺さぶっての先制点。遠く愛媛から、または関東在住の今治ファンなど約400人が歓喜した。

大きなプレッシャーから解放された今治だったが、全社を勝ち抜いた鈴鹿の勢いはここからだった。出足が徐々に良くなった鈴鹿に対し、今治はほとんど決定機がつくれない。お互いシュートの少ないままだったが、高さのある鈴鹿はコーナーキックなどで流れをつかもうとする。今治ベンチでは1－0とリードしているのに前半が終わってもしばらくの間、岡田さんと吉武監督の話し合いは続いていた。身振り手振りを交えながら2点目を取れないもどかしさが垣間見えた。

ハーフタイム後、最後にベンチに戻ってきた岡田さんを待つように後半が始まった。

同点にされたのは警戒していたリスタートからだった。

後半12分。これで1－1。それでも心折れることのなかった今治。決勝点はその9分後。

2－1。初戦で勝ち点3をもぎ取った。

明日は1次ラウンドの西条で0－3と完敗したあのヴィアティン三重との再戦だ。同じ過ちを繰り返さないこと。次も勝てなければ四国リーグに舞い戻る可能性が高くなる。気の抜けない試合が続く。

11月26日。

地域チャンピオンズリーグ決勝ラウンド2日目のゼットエー・オリプリスタジアム。第1試合はヴィアティン三重対FC今治。2週間前に完敗した同じ相手に今度は3－0の快勝を果たした。この時点で勝ち点6となり、昇格条件である2位以内をほぼ確実にした。

今治のJFL昇格が決まったのはそれから2時間ほど後だった。

午後1時30分から行われた第2試合で、鈴鹿アンリミテッドが三菱水島を3－0で下した。これでFC今治の2位以内が確定。JFL昇格条件を満たした。

第2試合をスタッフとともにスタンドで観戦していた岡田さん。試合終了と同時に吉武監督とガッチリ握手をする。ミックスゾーンに移動して早速記者に囲まれる。

「（JFLへの意気込みは？）しっかりと現状を分析して来シーズンに対する体制、スタッフ選手含めてまた環境を整えていきたい。来シーズンの目標はまだ考えてないができたらJ3に上がりたいと思っています」

「(ここまでの2年を振り返ると?)もともとここ(地決)はそう簡単に行かないと思ってて。2年という計画でやってました。結果的には2年目で上がれた方が今治の人たちに認められた存在になってきたし、クラブが地域に支持されてから昇格したという意味でよかったのかなと。

去年昇格していたら、よそ者がパッときて昇格した、と捉えられて皆さんに付いてきてもらえなかったかもしれない。そういう意味ではベストのタイミングで昇格できたのではないかと。スタジアムやスポンサーさんやいろいろな意味で好転して転がり始めたところで最後に背中を押すようにトップチームがJFLに上がる。最後のピースがうまくはまったので大きく転がり始めるのではないかと思ってます」

「(今治の人たちへ向けては?)これから一歩一歩(カテゴリーを)上がっていくが、自分たちが今治の人たち、または、東予の人たちに支持されないといけないと思ってます。もちろんそれだけでは1万人や1万5000人のスタジアムは埋められないので、そこから交流人口を増やしていくことはやりますが、やっぱりベースは今治、東予の方々に支持されなきゃできないと思っている。これから祝勝会や今治でやるイベント、ファン感謝デー、ぜひ皆さんにお礼を言いたいので集まっていただきたい」

結局、決勝ラウンドでの今治の勢いは止まらず、最終戦も3-0で三菱水島を下し、3連勝での文句なしの地決初優勝だった。

ＪＦＬ昇格を決めた2日後、今治に戻った岡田さんは多忙を極めていた。

地元の反応は非常に大きかった。ＦＣ今治のファンではない人からも街中で「おめでとうございます！」と声を掛けられていた。２年前、この今治に来たときでは考えられない状況だった。大げさでなくお祝いのメールはワールドカップで勝ったときよりも多かった。

楽しいことばかりではなく、ＪＦＬ昇格の翌日には契約満了選手との面接も行った。ホームページ上では14人の選手の退団が発表されていた。毎年必ず行われる選手の入れ替わりだった。新加入選手はこれから詰めていかなければならない。

四国から全国に舞台が変わったことで興味を持ってくれる選手は多くなるだろう。が、それでもまだアマチュアリーグ。出場機会を失った若手Jリーガーなどをまずは探さなければならない。選手だけではなく、チームスポンサーも新体制発表会のユニフォーム披露までに決めないといけない。本来なら11月末がリミットなのだが、スポンサーには延長して待ってもらっていた。全国が舞台になったことで興味を持ち始めた企業が多くなっているという。岡田さんはその電話応対にも追われていた。

12月7日、２０１６年度第3回日本フットボールリーグ（ＪＦＬ）理事会が行われ、ＦＣ今治とヴィアティン三重（地決ＣＬ準優勝）のリーグ入会が正式に承認された。

地決（全国地域チャンピオンズリーグ）での闘いを制し、見事 JFL 昇格を決める。写真●FC今治

【第三部】

2017年　JFLでの戦い

第一章　今治から世界を変える

ステージは全国リーグのＪＦＬへ、ますますパワーアップするＦＣ今治

開幕戦、ファーストステージ第１節は３月５日のアウェイ。相手は昨年年間２位の流経大ドラゴンズ龍ヶ崎と決まっていた。

ホームでの開幕戦は第２節、同じく昨年優勝のＨｏｎｄａ ＦＣ戦。スタートは上位チームとの連戦だった。

本番スタートまで約６週間で新参選手に〝岡田メソッド〟を叩きこまなければいけない。

吉武監督の仕事は今年も膨大だ。

去年より厳しいのは、成績だけではなく観客動員も昇格条件に含まれることだ。ＪＦＬからＪ３へ昇格するには、ホーム１試合観客数平均２０００人以上の実績を作らなければいけない。強さだけではなくファンが見に来るチームでなければならないのだ。

今年ホームの試合はファーストステージで6試合、セカンドステージで9試合ある。1試合2000人以上となるとホームの全15試合で合計3万人を集めなければいけない。しかも建設中の5000人収容の新スタジアムでできるのは9月10日第7節から5試合のみ。その5試合がすべて満席になったとしても合計2万5000人なので、まだ5000人足りない計算になる。新スタジアムができるまでは地元今治以外の会場で試合をしなければならず、条件の悪い広島や西条で開催される10試合で最低でも平均500人以上は来てもらわないと、たとえ成績条件を満たしても昇格できない。優勝してもダメなのだ。

FC今治が2016年の四国リーグ時代に開催したホーム7試合の平均集客数は1452人だった。これは今治の地元桜井海浜ふれあい広場での集客の数字である。しかも観戦無料という状況での実績だ。四国リーグ時代、集客が2000人を超えたのは2016年5月高知ユナイテッドSC戦の2270人のみ。クラブにとってJFLに昇格すると入場料金を徴収できるようになる利点はあるが、同時に〝有料に値する試合内容〟や〝チームとしての魅力〟が求められることを意味していた。

2017年1月27日。

FC今治がリスタートして3度目の方針発表会が行われた。

ステージと客席のあるスペースはすでに200人ほどの関係者や地元愛媛はもちろん、全国からのマスコミでいっぱいになっていた。

去年、一昨年よりもクラブが確実に大きくなっていることを実感する。

午後2時、司会者が岡田武史オーナーをステージ上に呼び込み発表会が始まった。

「昨年今治の大企業にスポンサーしていただいたおかげで、今年の8月にスタジアムが完成します。

いろんな意味で我々の活動が認められ動き始めたな、という手ごたえを持っておりました。最後の一押しがJFL昇格だったと思っています。

すべてを懸けていました。2017年のクラブ案内にも書かせていただきましたが……実は、私は昇格しさえすればいいと考えていました」

いきなりの岡田さんの神妙な告白に会場の雰囲気が変わった。何をしゃべりだすのだろうか。200人全員の視線がステージ上の男に集中する。人を惹きつけるしゃべりの達人、岡田さんの真骨頂発揮だ。

話は全国地域CL決勝ラウンドの日に戻る。

「(決勝ラウンド2日目、対ヴィアティン三重3-0で)2試合目で昇格が決まった瞬間にホッとして、よし、すぐに出遅れている補強などをしなきゃと考えていたんです。正直言うと(消化ゲームとなった)3試合目はどうでもよかったんです、僕は。ところが……監督選手が頑張ってくれて優勝してくれました。その瞬間、多くの今治から来てくれていたサポーターや選手らが一緒になって涙を流して喜んでくれました。僕は改めて思いました……自分の愚かさを。一番大事なこと。我々の存在意義というのは、今治の方、または、ご支援していただいてる方に感動とか夢とかそういうのを与えて初めて存在意義があるんだ、と。単に（プロリーグに）上がるだけではダメなんだということを思い出させていただきました」

彼がこの地に来たのは、ただ単に強いサッカーチームを作るためではなかった。壇上の岡田さんはオーナーの表情になっている。次の言葉の前に短く息を吸った。

「今シーズン、まずは会社としてクラブとしての我々の企業理念。これは次世代に向けて、モノの豊かさより心の豊かさを大切にする社会づくりに貢献するというものです。ちょっと難しいかもしれませんが〝心の豊かさ〟というのは目に見えない価値があります。感動とか勇気とか絆とか、そういうものを我々は皆さんに与えていかなきゃいけない。そのためにも、すべての面でワンランクアップしていかなきゃいけないと思っています」

「新体制発表会」なる小冊子にはこうも書かれている。

〝Change The World from IMABARI・今治〟

伊達や酔狂ではない。大真面目に目指している。

「まずトップチーム。もちろん今年はJ3昇格です。このあと本人たちの声が聞けると思いますが、まだまだ監督さんの満足する編成はできなかったかもしれません。ただ、そこそこいい補強ができたと思っています。全力を尽くして昇格を目指したいと思います。

そして育成。育成に関しては長らくかかっていましたメソッドがようやくできて、ここ半年くらいですかね、育成のコーチに落とし込みを始めました。その成果もあってどのカテゴリーの試合を見ても、ああこれはFC今治のチームだよね、と見ている人たちがわかるプレースタイルになってきました。もちろん結果もついてきました。今年はそれをより追求したいと思います」

その後の話はFC今治の多岐にわたる活動について各分野別の発表があった。

まずなでしこリーグを目指す「レディース」の話、バイエルン・ミュンヘンやドイツ代表などが契約している〝すごく高い（岡田氏曰く）〟サッカーソフトで選手データなどをコンディション管理やトレーニングにフィードバックできる契約「SAP Sports One ×岡田メソッド」を締結したこと。

「今治モデル」ではサッカーの上手な子どもだけを集めて強化するのではなく、今治でサッカーをする子どもたちを増やすために、FC今治のコーチが高校や中学へ巡回指導に行ったりサッカー教室やクリニックを開いたりする活動を通じて今治の地方創生に貢献すること。

「Ｇｌｏｂａｌ」の話では中国スーパーリーグに所属する杭州緑城足球倶楽部と業務提携し、トップチームだけでなく育成組織もサポートし続けていること。現在も6人の今治の指導者が現地で指導を続けている。最近は中国だけでなく香港やマレーシアからも提携の申し込みがあり、重要な収入源になっているようだ。

また、〝心の豊かな子どもを育てる〟ため、新スタジアム建設予定地近くにある緑地公園「しまなみアースランド」の指定管理者になったこと。

昨年から開催している全国の学生らを集めての人材育成「Bari Challenge University」「複合型スマートスタジアム」「事務所移転」など、実に13項目の報告が休みなく続いた。

その後スクリーンには世界企業を含むオフィシャルパートナーとクラブスポンサーの紹介があった。２０１５年67社、２０１６年１４６社、そして、今年は一気に２４３社にまで急増。わずか３年で約４倍までになっていた（２０１６年営業収入は３億８０００万円）。

新加入選手のお披露目もあった。新加入メンバーは７人（全24人）。新スタッフも強力だ。育成コーチに小野剛。２０１４年と15年はロアッソ熊本で監督。フランスワールドカップでは岡田さんの下でコーチも務めた。ＧＫコーチに鹿島アントラーズや代表でもコーチをしていた藤原寿徳が就任した。

いずれも岡田さんとのつながりで今治に加入した。「本当なら来てくれないような人だが、いともたやすく騙《だま》されて（笑）」と岡田さんから冗談交じりの紹介を受けた。

昨年以上にこれでもかという豪華なスタッフとなった。それも岡田さんの戦略の一つだった。「うちの強みは良いコーチがいるところ。今治ならではの特徴を作りたい。普通の選手でも岡田メソッドと良いコーチがいればこれだけ良い選手になれるんだ、これだけ強いチームになるんだ」という今治オリジナルを示す狙いがあった。

サプライズ人事もあった。元日本代表MF、ラモス瑠偉氏がチームアドバイザーとして就任した。

最後は新スタジアムの名称が発表された。

「ありがとうサービス．夢スタジアム（通称夢スタ）」

ステージで矢野代表と岡田オーナーの凸凹コンビが笑いを交えながら新スタジアムを説明した。

今年の8月をめどに完成予定であること。去年までは桜井の人工芝会場をホームゲームに使用していたが、JFLの試合開催は天然芝が原則だ。よって、新スタジアムが完成するまでは西条、砥部、広島などの会場を準ホームとして使用することが伝えられた。

またJ3昇格条件の3本柱として、①5000人以上集客できるスタジアムが必要なこと、②年間成績で4位以内に入らなければいけないこと、③ホームの平均入場者数が2000人以上という実績が必要なことなどが説明された。

新スタジアムには誰でも3万円で半永久的に設置できるネームプレートがあり、その売り込みも忘れなかった。

最後に締めていただいていいですよ、と岡田オーナーが矢野社長に振ると、「……どうも、ありがとうございました」と2人して頭を下げた様は、まるでベテラン漫才コンビのようで、この日一番の笑い声と拍手が会場に起こっていた。

5千人以上集客できる新スタジアムの名称が「ありがとうサービス.夢スタジアム(通称夢スタ)」と決まる。
写真●FC今治

第二章　ＪＦＬ前期スタート

引き分け続きの苦難のスタート

２０１７年３月５日。第19回日本フットボールリーグが開幕。茨城県水戸市ケーズデンキスタジアム水戸からスタートした。

相手は去年２位の流経大ドラゴンズ龍ヶ崎。試合は２－２のドローで終わった。

思えば、この時から今シーズンの兆候は表れていたのかもしれない。

現地で観戦した岡田オーナー。

「やろうとしていたことはできていたが、まだまだ力が足りない。相手が本当に必死になってきたときの厳しさを感じてほしい」

ＪＦＬのレベルを早い段階で感じられたことはチームにとって良かったが、相手の素早い寄せに対応できなかった失点などについては今のレベルではダメだと振り返った。ただ、アウェイにもかかわらず今治サポーターが駆けつけ、公式記録では691人の観客数を記録した。

ＪＦＬ初チャレンジとなった吉武監督は「今日の試合、正直勝ち点3が取れる試合で1しか取れなかったという意味で『－2』の試合でした。今シーズン、勝ち点70を目標にして、現状で63は取れると考えています。足りない7は選手がパフォーマンスで補うべき部分ですが、それが『－2』から始まったという認識を選手とも共有し、その認識のもとに1点も落とせないという気概で次節以降の試合に臨みます」

数字は嘘をつかない。すべてを数値化して臨むのが吉武スタイルだった。

課題がはっきりしたＦＣ今治だが、だからといってすぐに改善できるものではない。事実、ＦＣ今治は開幕から3連続で引き分け、初勝利までは5試合を要することになる。

２０１７年3月12日。西条市ひうち陸上競技場。キックオフは午後1時だが、2時間以上前からメインスタンドはかなり埋まっている。中でも目立つのは若い女性たち。中高生たちの姿も多い。彼女たちが一斉にスタンド最前列まで追しよせ、ピッチ手前を覗き込む。視線の先にはダンス&ボーカルグループ「ＧＥＮＥＲＡＴＩＯＮＳ」の白濱亜嵐さん（松山市出身）と関口メンディーさん、片寄涼太さんの3人がいた。今日は試合前のマイクパフォーマンスとハーフタイムでＦＣ今治のアカデミー選手らとＰＫ対決などが予定されていた。

大多数はサッカーファンだがＥＸＩＬＥファンと見られるお客さんも結構多い。この日の観客は３０６５人。四国リーグ時代の2倍だ。目標の３０００人を突破した。Ｊ３加入条件はホーム観客一試合平均２０００人以上。これをクリアしなければ、いくら成績が良くてもＪ３には昇格はできない。

「どんな手を使ってでもまずはお客さんを集める！」と岡田さんが公言していたように、たとえサッカーファンではなくアイドル目当てでもまずは会場に来てもらうこと。それをきっかけに引き続き見てもらえるサッカーファンを増やしていく狙いだ。

相手は言わずと知れたＪＦＬの門番、Ｈｏｎｄａ ＦＣ。昨年のチャンピオンであり今年ももちろん優勝候補だ。

ＦＣ今治はこの日も決定機を決められずドローに終わった。

ＦＣ今治がこの日浴びたシュートは倍以上の17本。負けていてもおかしくないゲームだった。

3月18日（土）、大分県大分市だいぎんサッカー・ラグビー場Ａコート。

ファーストステージ第3節対ヴェルスパ大分。この試合も0－0のスコアレスドロー。シュート15本を打ちながら、守りを固める相手に苦しんだ。

3月26日（日）ファーストステージ第4節対ラインメール青森。

第4節は初めて〝県外〟でのホームゲームとなった。場所は、広島県立びんご運動公園陸上競技場。今治の夢スタが完成するまではしばらくこういった状態が続く。

それでも903人のサポーターが初勝利を見ようと集まった。

試合は今治が後半34分にFKから失点し、そのまま敗れてしまう。

4試合で未勝利だが今治はやり方は変えなかった。相手陣内で丁寧にボールを持ち続けるポゼッションサッカーではなく〝プログレッションサッカー〟だと監督は言う。

そのうえでゴール前の質を上げていく。ゴールを取るための答えは「シュート10本打って入らなかったら20本、30本に増やすだけ」。対戦相手が対策を取りやすい、読みやすい戦術だということもわかっている。こういう戦いを続けながら勝っていくのが岡田メソッド、FC今治スタイル。

これでFC今治は4試合を終えて3引き分け1敗、未勝利で13位。

明らかにスタートに出遅れてしまった。吉武監督が言うようにファーストステージを慣らしの場ととらえてセカンドステージで勝負をかける。それがチームプランなのかもしれないが、そう劇的に成績が好転するほどJFLは甘くはない。

4日後の3月30日（木）。ジャージ姿のチームスタッフが総出で引っ越しに追われていた。普通の民家なら3軒分はありそうな立派な建物。ここがFC今治の新事務所だ。引っ越し作業がようやく落ち着いたところで矢野社長にも新事務所移転のきっかけを改めて聞いてみた。

「あちら（旧事務所）は2年に一度出ないといけないんですよ。〝バリシップ（テクスポート今治を中心に開催される西日本最大の国際海事展）〟で。その期間事務所がなくなるのが課題で。今年の5月にもありますので。それとあれ（旧事務所）は学校だから仕切りができないんですよ（笑）。でも、ここだと色んな部屋に仕切りがあって、お客様対応やミーティングもやりやすい。業務を効率的にできる可能性があるということでいいだろうと」

サッカー選手の環境だけを改善するのではなく、このクラブで働く人たちの環境も同じように良くしたい。なかなか勝てないリーグ戦も気になるが、トップチームだけを強くすることがクラブの最終目標ではない。

今年度のクラブ案内に岡田オーナーが書いている言葉。

〝物理的には重いものほど動きづらいが、人の心は大きな夢ほど動きやすい〟

大きな夢は見ている。だからこそ、足元をしっかりと。そのためにはバックオフィスの環境も大切だ。

「（新しくできる）5000人のスタジアムほどではないですけど、色んな方がここにきて賑わいの場となれば……これをどう上手に使うかが大事ですね」

広い部屋を一度ゆっくり見渡した矢野。JFL初勝利の報告はその2週間後にやってきた。

ファーストステージ第5節。4月16日（日）。アウェイ千葉県立柏の葉公園総合競技場でのブリオベッカ浦安戦。2－0。開幕5戦目にしてJFL入会後初勝利をもぎ取った。記念すべき初勝利を目撃したのは、地元今治や関東からやってきた877人の熱心なサッカーファンだった。

この勝利で、リーグ戦順位も13位から9位になった。首位のヴァンラーレ八戸とは勝ち点差9。JFLはファーストとセカンドの2ステージを開催する。どちらかで優勝すればその時点で2位以内が確定する。つまり、J3昇格条件である年間順位4位以内を満たすことができる。この時点ではまだファーストステージの逆転優勝も不可能ではない。試合日程は、このあと天皇杯1回戦を挟んだ。

遠のく2勝目とホーム初勝利、もがくFC今治

4月28日、今治市高橋ふれあいの丘。岡田オーナーと選手たちはFC今治が9月から専用スタジアムとして使用する「ありがとうサービス．夢スタジアム」にいた。スタジアムの完成はまだだが、今日は選手たちによる芝の植え付けの日だった。

J3リーグ参入への条件として、Jリーグクラブライセンス制度の施設基準に基づき、「5000人程度収容の天然芝のホームスタジアム」が必要とある。

この土地は、FC今治の運営会社である「今治．夢スポーツ」が、今治市から未整備の土地

2ヘクタールの無償貸与を受け、2016年「今治．夢スポーツ」の株主である、ありがとうサービスが施主となって総工費3億円で建設。今年8月の完成を目指している。

最初の試合、記念すべきこけら落としは9月10日、セカンドステージ第7節対ヴェルスパ大分と決まっている（なお、契約額は非公開でFC今治が20年間有償で賃借する）。

紺色の練習着を着た選手たちが新スタジアムに続々と上がってきた。工事関係者が茶色い草の塊を両手いっぱいに持って選手たちに見せている。みんな嬉しそうに天然芝の株となる苗を建設関係者からひと握りずつ分けてもらった。和やかな雰囲気のまま苗蒔き作業は15分ほどで終わった。最後は監督、スタッフと一緒にクラブハウスを背に記念写真を撮った。

「自分たちが使うピッチを自分たちで植えるというのはめったにできない経験ですので。早くこのピッチの完成を迎えて試合がしたいな、と言う気持ちが凄く湧いてきました」

選手を代表して中野圭が答える。長いキャリアを持つ吉武監督にとっても初めての経験だ。

「私もやりました。きれいな芝が育ってほしいなと思います。ゆくゆくは選手がここでいいプレーを見せてくれるんだなと。スタジアムの雰囲気もすごく大事なんですけど、選手や我々にとっても、〝芝〟はほんとに大事なものなので。綺麗に育ってボールがきれいに走ってほしいなと」

真っ青な天然芝の上を疾走するFC今治の選手たち。すでに5000人の大歓声を背に勝利している絵を想像していた。

ゴールデンウィーク中、天皇杯1回戦をPKで勝ち上がったFC今治（5－5、FC琉球PK5－3／2回戦はPK負け、対ファジアーノ岡山0－0、PK3－5）だったが、リーグ戦は天皇杯を挟んで行われるためハードスケジュールとなっていた。

JFL初勝利から次の白星が遠い。スコアも大量得点があれば無得点、大量失点があれば無失点と乱高下に揺れる。GW、アウェイ3連戦は未勝利の2分け1敗だった。

【4月29日（土）ファーストステージ第6節　3－3　奈良クラブ】

【5月3日（水）ファーストステージ第7節　0－3　東京武蔵野シティFC】

【5月7日（日）ファーストステージ第8節　0－0　栃木ウーヴァFC】

2カ月ぶりとなる第9節（5月14日）は5試合ぶりのホームゲームだった。といってもセカンドホームの広島県福山市竹ヶ端運動公園陸上競技場での開催である。ここまで、まだ〝ホーム〟で勝てていなかった。

J3昇格に向けて、チーム成績がJFL年間順位4位以上であること以外に、ホーム戦1試合の平均入場者数が2000人を超えることも条件になっている。現在、ホーム戦2試合を終えて、合計入場者数3968人、平均入場者数は1984人。

今日の相手ヴィアティン三重は、今年一緒にJFL昇格を果たしたチームだった。現在、順位は9位。10位FC今治の上にいるが勝ち点では同じだった。同期生に勝って、上位進出を狙いたいところだ。

松山から会場の福山まで車で2時間近くかかる。すでに気温は30度近くで夏を思わせた。今日の来場者は、公式発表で821人。ホーム戦3試合を終え、合計入場者数4789人、1試合平均にすると1596人。やはり、県外開催となるとお客さんの入りはグッと減ってしまう。

連戦の疲れが残っているのか、立ち上がりエンジンのかからないFC今治だった。前後半を通じて今治14本、三重16本のシュートを放ったが、結局0－0のスコアレスドローに終わった。これで今治は2試合連続のスコアレス。広島までホームゲームを見に来ようという熱心なお客さんに待望の2勝目を届けることはできなかった。

ここまで9試合で7得点。吉武監督は1試合2得点と平均失点0・5を目標にしている。当然7得点は少ないと思っている。それを上げるためにもこだわるのはいわゆるポゼッション率、ボールを保持する時間だ。その時間も毎試合細かく把握している。45分ハーフでボールが動いているインプレーが30分だとしたら、そのうちの25分は自分たちがボールをキープ、動かしていたいというのが吉武監督の目標とする今治のサッカー。

「ただ、今日は18〜19分でした。サッカーの通説では6：4で攻めたほうが負けると言われていますが、それを覆したいというのが（岡田メソッドの）プロジェクトなので」

数字からはじき出される答えはいつも同じだ。ゴールを増やすためにはキープする時間をもっと増やすこと。そして10本のシュートで入らなければ20本、30本と打つ。一人で決められなければ2人、3人とゴール前に入る選手を増やすこと。

チームでやろうとすることは統一できている。その自信は試合を重ねるたびに深くなっている。

第三章　ホーム初勝利～ファーストステージ終了まで

有名アーティストとクラブのシンボルとなる曲作りに着手

ＦＣ今治が〝ホーム〟初勝利を挙げるまでに結局、11試合を要した。

３月５日に開幕して約３カ月。待ちに待ったホーム初勝利は5月28日（日）ファーストステージ第11節だった。〝ホーム〟といっても〝準ホーム〟で、会場はやはり県外の広島尾道だった。広島県立びんご運動公園陸上競技場での対ＭＩＯびわこ滋賀。

今日の公式観客数は７７７人。縁起のいい数字は予兆だったのか、２－１でようやくホームで勝利することができた。今治サポにとって尾道の競技場へ向かう長い坂道は忘れられない道程となったはずだ。

実は前節ＦＣマルヤス岡崎戦から岡田さんはＣＭＯ（チーフメソッドオフィサー）としてベンチ入りしていた。第５節以来の勝利でＪＦＬ２勝目。岡田さんは今日もオープニングセレモニーを終えた後、メインスタンドではなく、そのままベンチに入った。吉武監督の隣で腕を組んだままどっかりと座った。

今治がＪＦＬ入会後ホーム４戦目で初勝利。順位を8位とした。岡田さんがベンチに入っていきなりの連勝。これが俗にいう岡田マジック。

「（ベンチに入ったのは）吉武が『入ってください』というから。入ってるだけです（笑）。まあどっち（スタンドにいても）でも全然変わんないよ。でも、勝つことが大事なんでね。２試合続けて勝ったんで良かったんじゃないかと。ただ、今日はグラウンドが悪すぎてサッカーにならないので、なんとか勝負に勝つことを考えて勝ってくれた。まあ（Ｊリーグに）行きますよ」

ホーム初勝利に久しぶりの笑顔を見せた。

6月9日。今治市高橋ふれあいの丘に建設中の夢スタジアム。1カ月前に選手たちみんなで植えた芝が伸び始めていた。茶色だった苗は緑に。まだ2センチほどの長さでピッチというには隙間だらけの状態だが、フィールド全体に規則正しく並んでいる苗は着実に成長していた。高台にある夢スタジアムの下には広大な駐車場スペースがある。そこに岡田オーナーを待つ一人の男が少し緊張の表情でいた。

1台の車が入ってきた。関係者と一緒に降りてきた岡田オーナー。

待っていた男と岡田さん。２人は近づいてがっちりと握手を交わす。待っていた男とは多保《たぼ》

MIO びわこ滋賀戦で待ちに待った〝ホーム〟初勝利を挙げる。写真●FC今治

孝一《こういち》さん、35歳。今治市出身のアーティスト。多保さんは松山大学時代、後輩の越智志帆《おちしほ》さんと結成した「Ｓｕｐｅｒｆｌｙ」で２００７年にメジャーデビュー。「愛をこめて花束を」など、数多くの曲をヒットさせて若者の人気を集めた。実は中学時代からサッカー少年で大のサッカーファンだった多保さんは、地元今治にできたサッカークラブ、ＦＣ今治のテーマソングを作りたいと願い出ていた。

今日はその曲のイメージを掴むために岡田オーナーと建設中の新スタジアムで待ち合わせをしていたのだ。出会ったばかりの２人は、さっそくスタジアムへ向かって長い階段を上り始めた。上がってきた階段側を振り返ると今治市街が一望できる。今日も瀬戸内海からの潮風が薫る。

「最初はこっちに小さなバックスタンドを作ろうと思ったんだけど。鈴木エドワード（建築士、ＦＣ今治アドバイザリー）さんという有名な建築家の人に『絶対こっち側は（スタンドを）つくるな』っていわれて」

「『この眺めを大事にしろ』って言われて。でもそうしてよかったホントに。ある意味、他との差別化ができた」

岡田さんの構想を聞きながら、早くも多保さんは曲のイメージをつくろうとしている。２人は歩きながらゴール裏からメインスタンドへ向かっている。

立ち止まった岡田さんが多保さんに話し始める。

「僕らのチームのブランディングは、村上水軍（中世瀬戸内海で活躍した海賊衆）の末裔《まつえい》が大海原に打って出て世界へ行くっていうストーリーでつくってるんですよ」

このスタジムへの強い想いがある。

「だから、ユニフォームの色も海の群青6割、船の軌跡の白を2割、向かっていく希望の光太陽の黄色1割と。だからここはこれから出港する船なの。こっちが穂先でそっち側がテールの方で、そういうイメージでやろうと。船に来ていただくのだから、従業員は全員バンダナに眼帯に縞のTシャツで（お客さんを）迎えろ、と。で、（矢野）社長にはキャプテンクックみたくここ（左肩）に鳥をとめて〝テーマパーク化〟にしようと」

2人が出会ってまだ数十分。岡田さんから夢のある壮大なプランを直接聞きながら、有名アーティストが1人の少年に戻っていた。これが〝人たらし〟岡田武史の真骨頂。一度出会うとその魅力に影響を受けない人は皆無だ。

多保さんの作るFC今治のテーマソングは、9月10日の新スタジアムこけら落としの際に観客の前で披露される。作るのは多保さん、歌うのはSuperflyの越智志帆さんではなく、新人アーティスト。多保さんはこの日、あらかじめイメージとして書いてきた未完成の曲を持ってきていた。

岡田さんの案内で新スタジアムの構想を聞いた多保さんはその足で新事務所を訪れた。お客様を迎える大リビングに通される。隅に飾ってあるノートに目が留まった。岡田さんが直筆した文章がルーズリーフに何枚も書かれてあり、日めくりできるようになっている。まるで〝今日のことば〟のように飾ってある。

〝変化や失敗を恐れずチャレンジする気持ち　自分の力では変えられないものを謙虚に受け入れ、自分の力で変えられることを変える勇気を持つ〟

手書きの文字をじっと食い入るように見つめていた。

関係者がリビングに揃い、いよいよ仮曲が披露される。最終的な歌詞や歌入れはまだだが、大まかな方向性を確認するための視聴会が始まった。

〝♪全力で駆け抜けていくんだ～いざ僕らの戦士よ～ここに歓喜の渦を～

Warriors　Soldiers　Sailors　今こそ行け～♪〟

「最初は静かなところから入るんです。これはロッカールームから選手がピッチに向かっていく時の孤独や自分と向き合うところから、ガッと光が差し込んで、観客の声がワー！　と聞こえるイメージです」

作り手のイメージを聞いたうえで、今度は、クラブをマネジメントする立場の岡田さんから多保さんに意見を伝える。

「我々クラブは夢を発信するクラブなんだということを、周りに発信する歌みたいなイメージにして。勝ったときだけ歌える歌とかね。ピッチの中での応援歌は別にして。そういう感じのほうが良いかもしれないね。安っぽいものよりは、上質でずーっとこの先FC今治が大きくなってJ1に上がっても大多数のサポーターもすごい上質だなって、ずーっと聞ける曲が良いなと思ってます。あと一つ、アイデアがあって。選手たちの声、ウォーー！　と言う声を入れたいと思ってます。サポーターとクラブの新しい関係を作るための、一つのメッセージとしての歌みたいなもの。チームソングというクラブのシンボルとなる歌を」

クラブのシンボルとなる歌。岡田さんのこの一言で歌のイメージを明確にした多保さん。よりイメージを明確にするため翌日のホームゲームも観戦した。

チームアドバイザー、ラモス氏の愛ある喝！

翌6月10日。ファーストステージ第13節は松山で久しぶりのホームゲームとなった。愛媛県総合運動公園球技場で2位のソニー仙台を迎えた。

今日は強豪チームが相手。また、松山では初開催ということもあり会場にはほぼ満席の1198人が駆け付けた。

試合は1－1の引き分けとなった。

今日はチームアドバイザーのラモス瑠偉氏が脳梗塞から復帰後初となる試合観戦に訪れてい

ファーストステージ第13節ソニー仙台戦の試合終了後の岡田オーナーと、チームアドバイザーのラモス瑠偉氏との会見の様子。写真●FC今治

た。試合後、岡田オーナーと一緒に会見するラモス氏は、ファンサービスもこなすなど元気な姿とお馴染みのラモス節で会場を盛り上げていた。

「昨日も〝今治FC〟って言ってしまって（岡田さんに）メチャクチャ怒られた（笑）。〝それでもチームアドバイザーか！〟って。僕、ここに初めて来て。（松山開催なので）アウェイでやっているようなものなのに1000人も来てくれて。選手たちはありがたいという自覚を持たないといけないね。9月にホームグラウンドができて、そこから毎試合4000人、5000人と入って、全試合勝って上を目指してほしいな！　岡田さんは田舎で釣りしててもいいのに、今治に来てサッカーチームを作ってすごいなって……。ただ、すぐに結果が出るほど簡単じゃないよ。そんな簡単だったら岡田さんはやらない。不可能に近いことしかこの人はやらないんです（笑）。岡田さんの夢がかなえられるようにサポートしていきたいです！」

ラモス氏のチームアドバイザー就任は、今年の新体制発表会でサプライズの一つだった。

「日本、アジアを代表する監督の前でプレーできるのはすごく幸せですよ。それで（お客さん）1000人も来てくれて。私の時代は2000人よ！　選手たち甘いよ！　もっと自覚を持ってほしい！　せっかく岡田さんが来ている。みんな自覚持ってないのが寂しいですよね」

ラモス氏のコメントに熱が帯びてくる。

もういいですか？　と広報が締めなければ、いつまでも続きそうだった2人の共同会見。

最後は少し冗談に聞こえたかもしれないが、この2人のような想いを持ち続けなければ夢は摑めないのかもしれない。立派な施設と高レベルな指導者がいる。ほんの数十年前、ＪＦＬや日本フットボールリーグ、いや、もっと前のＪＳＬ時代からと比べると桁違いに恵まれているのだ。ラモス瑠偉氏は今から40年前にブラジルからやってきた。まだ草サッカーレベルだった日本のリーグに来て、当たり前のように砂のグラウンドでプレーをした。そんな時代を長く経験した者にとって、ＦＣ今治の環境や、燃え切れていない選手、優しすぎるファンを見ると歯がゆさを感じる。

だからこそ、そこに喝を入れてほしい、という岡田オーナーのもくろみだった。

首位は変わらずＨｏｎｄａＦＣ。ソニー仙台は勝ち点差2で2位のままだ。

前期の優勝争い中の大事な残り3試合となった。

翌週、第14節をアウェイで勝利（1‐0　ヴァンラーレ八戸）したＦＣ今治は、順位を6位まで上げた。

6月25日。ファーストステージの最終15節。再び、愛媛県総合運動公園球技場でＦＣ大阪と対戦した。たとえ勝利しても優勝の可能性も年間順位4位以内の可能性もなかったがそれでも観客は1011人集まった。

6位と3位の対戦となった試合。今治は8節栃木戦から7試合負けなしの4勝3分け。少しずつ結果が出始めているところだった。最終節をスッキリ勝ち、2週間後から始まるセカンドステージでは逆転昇格に向けて気持ちいいスタートを切りたい。次につなげる意味のある試合だった。

しかし、前半に自分たちのミスから先制されると、後半は守りを固めた相手をなかなか打開することができず、逆に追加点を許して0－2、8試合ぶりの敗戦となった。

試合を通じてシュート数で上回った今治（11本、FC大阪10本）だったが、またも決定機に決めることができなかった。

結局、ファーストステージを6位で終えたFC今治。今年昇格するにはセカンドステージで優勝するか、年間順位を4位まで上げる必要がある。今は5勝7引き分け3敗（勝ち点22、得点16、失点15、得失点＋1）の6位につけている。

はっきりとした課題が見えたファーストステージ。不安を抱えながら中断期に入った。

第四章　セカンドステージ〜新スタジアム完成！

ついにお披露目された夢の新スタジアム、〝ＹＡＪＩＮ〟も参戦

わずか2週間の中断を経て、ＪＦＬリーグは再開された。セカンドステージは7月9日から11月12日までの15試合。目指すはファーストステージと同じく、ステージ優勝か年間順位で4位以内に入ること。それがＪ3昇格への条件だ。

ＪＦＬのセカンドステージ第1節は7月9日に行われた。相手は前期15位の栃木ウーヴァＦＣ。4－0の圧勝だった。7月16日セカンドステージ第2節のヴィアティン三重戦は今治が1－0で1点を守りきり2連勝した。さらに、7月23日セカンドステージ第3節のマルヤス岡崎戦。2週間ぶりのホーム開催となった。場所は西条市ひうち陸上競技場。

この試合は今治が3－2で打ち勝った。生まれ変わったかのように、ここまで3連勝と最高の出だしとなった。

リーグの中でも3連勝スタートはFC今治とＨｏｎｄａＦＣのみ。得失点差（FC今治＋6、ＨｏｎｄａＦＣ＋4）で今治がセカンドステージ首位をキープしていた。

ここまでホームゲーム８試合を終えて、合計入場者数９６２６人。平均入場者数は１２０３人だった。

7月18日。この日は後期第3節の前に急きょ、新スタジアムを一足早くマスコミにお披露目しようと内覧会とネームプレートのお披露目会が夢スタで開催された。特別ゲストとして岡野雅行（現ガイナーレ鳥取ＧＭ）がやってくることになっていた。

野人・岡野と岡田監督。今から30年前の１９９７年11月16日。日本サッカーの、いや日本の歴史を変えた〝ジョホールバルの歓喜〟。日本を史上初めてワールドカップへ導くゴールデンゴールを決めた男と、その瞬間ベンチから飛び出し全速力でピッチに走りこんだ男が再会する。緑の芝生が生えそろったピッチに下りた岡田さんが、先に一人でマスコミの囲み取材に応じた。

「特徴としてとにかく観客席とピッチが近い。柵を作っていません。（グラウンドに）飛び降りようと思ったら誰でも飛び降りられるんですけど（笑）。イングランドのスタジアムなどはだいたいこういう感じなんですよね。でも、グラウンドには敬意を表して誰も飛び込まない。ただ、ゴール裏はボールが当たる可能性があるんで……ヘルメットを被ってもらう。それはないか（笑）」

夢スタは自治体のお金や税金を使って建てたのではない。完璧にでき上がったわけではないが、自前で建てたサッカー専用スタジアムを披露できたからか、岡田オーナーは上機嫌だった。

「正直、勝って面白い試合をするのが一番大事です。でも、万が一負けても、そして少々つまんない試合でも面白かったと言って帰っていただけるスタジアムにしたい、と張り切ってます！」

もちろん、他のサッカーチームがホームゲームでやるようなフードコートやダンスなどのイベント企画も毎試合開催する。またWi-Fiを飛ばしスマホゲームと連動したり、イオンモールとタイアップしたり、お互いが行き来できる企画など思いつくことは何でもやっていく。

この辺りは土地が多くて大型商業施設があり、広大な駐車場があり、車で来場するには便利ではあるが、アクセス面で好条件とは言い難かった。車で来られない人たちをどう取り込むのかという課題もある。

今のところ今治駅から新スタジアムへのシャトルバスなどはない。隣接するイオンモールからのバスを増加する計画はある。

「やはり、ここはアクセスが一番のポイントになると思っています。ゆくゆくは……駅からここ(スタジアム)までモノレールを通そうと思っている。まあ市長がやってくれるんじゃないかな。あと、イオンモールとも橋を架けなきゃいけないんで……って僕の夢ですよ（笑）」

思わず信じかけたマスコミ陣からも笑い声が起こる。

「でもね、夢が結構ホントになるからね……これも僕の妄想ですよ」と断ったうえで続ける。

「あの下の土地に1万5000人の複合型のスタジアムを夢スタとは別につくりたい。でも、今治の16万人では公共のお金は簡単に出てこない。そうすると民間の投資をいただかなきゃいけない。一社で投資といっても絶対に投資価値はない。でも、いろんな企業がここに集まって、例えば今声をかけてるけど、大型のアウトレットが来るなど全体でブランディングアップしていくと、ひょっとしたらモノレールができるかもしれないですよ。ディー・エヌ・エー（DeNA）にここに自動運転バスを走らせてくれ、って頼んだんですけど公道はまだ駄目だって断られて……。

でも、いろんなものが集まってくることによって可能性が出てくる。今はまだアクセスはかなり厳しいですけど、まあ健康にいいから自転車で来てもらう。レンタサイクルを駅で借りるというのも考えています」

他の人が言えば笑ってしまうだろう妄想でも、岡田さんが口にすると実現できそうな気がするから不思議だ。

会見を終えた岡田オーナーと報道陣がピッチの反対側へと向かう。

待っているのは〝夢スタ YUMEプレート〟の設置セレモニーにゲストとして呼ばれた野人・岡野雅行ガイナーレ鳥取代表取締役GMだ。元日本代表FW。現役時代は浦和レッズ、ヴィッセル神戸、香港のTSWペガサスなどで活躍。2009年よりガイナーレ鳥取に移籍。当時J

FLだったチームに4年間選手として在籍し、GMになった。

日本をワールドカップに導いた岡野GMの宣伝効果と実行力は絶大だった。そんな岡野GMの活動の中でも特筆すべきことが、2012年12月に完成した「チュウブYAJINスタジアム」だ。サッカースタジアムに個人のニックネームが付くのは極めて珍しい。特徴はスタジアム名だけではない。ここをサッカー施設だけでなく、スポーツ交流公園として整備したことにある。しかも、その施設の建設資金をすべて個人レベルの協賛金で賄った。

そのためのアイデアが〝YAJINロードレンガ〟と〝クリスタルオブジェ〟。スタジアム周りのYAJINロードに設置するクリスタルオブジェの台座や敷設するレンガにシリアルナンバーと名前を入れることができる。スタジアムのレンガに氏名が刻まれ、永遠に自分の名前が残る。この企画が大いにあたった。建設資金を協賛金で賄うことで、クラブ財政を圧迫することもなく、自治体からの資金支援を当てにする必要もないというメリットもあった。

同じような規模のスタジアムを平地に建設した場合30～40億円の建設費がかかるが、様々な工夫によりチュスタ（チュウブYAJINスタジアムを略した呼称）は約4、5億円の費用におさえることができた。

その岡野GMが夢スタで岡田オーナーと対面した。

2人が立っている傍に、夢スタYUMEプレートの台座が設置されている。ここにチュスタと同じくネームプレートが貼られていく予定だ。設置場所や大きさによって3万、10万、30万、

50万円と値段が設定されている。好きなメッセージを刻める自分だけの銀盤のネームプレートだ。夢スタの入口側（バックスタンド側）中央に設置される。ネームプレートの売上金額は、スタジアムの設備充実の投資費用に充てる。こちらもスタジアムが存続する限り、半永久的に設置される自分だけの刻印だ。

セレモニーではまずは岡野GMからネームプレートを帖り付けた。

プレートにはこう書かれていた。

『出てこい野人二世　岡野雅行』

そして岡田さんのプレートには

『今、夢に向け出港　岡田武史』

ピカピカの台座に2枚の真新しいネームプレートが貼られた。

新スタジアムのこけら落としで奮闘するFC今治イレブン

ハード面の充実とは裏腹に、この時期からチーム成績の雲行きが再び怪しくなり始めた。7月30日、第4節でMIOびわこ滋賀を相手にセカンドステージ初黒星（2－3）を喫した。3連勝だったFC今治とHondaFCがともに敗れ、FC今治は首位を八戸に明け渡した。

その後JFLは中断期に入り、FC今治は8月4日から韓国遠征に出発した。

リーグ終盤に控える上位チームとの対戦に向けて、さらなるチーム強化に取り組むために11日間、韓国でトレーニングマッチやトレーニングを行った。

気分を一新して臨みたかった中断明けの初戦。8月20日セカンドステージ第5節はブリオベッカ浦安と戦い、1－1の引き分けだった。第6節（8月27日）も2－2でラインメール青森に引き分けた。

FC今治の年間順位は現在6位。4位FC大阪との勝ち点差は7。次節の夢スタ初戦はこれ以上負けられない大きなプレッシャーの中で行われた。

その日は快晴だった。今治の上空には夢スタ航海初日を祝うような雲一つない青空。9月10日セカンドステージ第7節のキックオフは午後1時。しかし、すでに会場の2時間前から入場ゲートにはたくさんの行列ができていた。

初戦のチケットはすでに5000枚が完売していた。FC今治のスタッフは1年近く前、昨年10月ごろからサポーターやスポンサーなどの関係先に出向き、夢スタこけら落としの集客に奔走していた。

ご祝儀の意味もあり、初回は放っておいても注目される。問題はむしろ2戦目以降だった。このあとホームでの開催は今日を含めて6試合。そのうち夢スタ開催は5試合（第10節は福山開催）。昇格条件の一つである観客動員平均2000人を達成するには、残り6試合で

1万9610人が必要になる。今日はSuperflyの元メンバー多保さんによる応援歌の披露、EXILE ÜSAさんらユニットダンスのパフォーマンス、チームアドバイザーのラモス瑠偉さん、松山出身タレント友近さんらによるトークショーなど、豪華な応援ゲストが来るのを目当てにしている人も多いだろう。

単純計算だと残りホームゲームで毎試合3000人近くを集めなければいけない。

開場時間が来た。

「ありがとうスタジアム、夢スタジアムフットボールパーク、開園～！」

アナウンスとともに会場全体に出航の汽笛と水軍の太鼓が鳴り響いた。

夢スタネームプレートが貼られた台座は、先日のセレモニーの時は2枚だけだったが、今日はほとんどがプレートで埋まっている。そこにはたくさんの有名人の名前が書かれていた。EXILEはもちろん三代目J SOUL BROTHERS、GENERATIONS、サッカー界からは香川真司、川島永嗣、長谷部誠、そして長友佑都など日本代表選手。それらのプレートを挟むように地元企業や個人の名前が刻まれたプレートが台座に数十枚貼られていた。

この日集まったお客さんは5241人。超満員の中でのオープニングセレモニー。

船のメインマストを上げるようにFC今治の巨大フラッグが山の斜面からせり上がる。ピッチでは音楽とともに巨大クラッカーが弾けた。

テープカットのように来賓が手にしたサーベルを振り下ろすと、進水式の紺と黄色の風船が

新スタジアムのこけら落とし。紺と黄色の風船が青空に舞い上がり、5000 人の観客から大きな歓声と拍手が沸き起こった。写真●FC今治

青空に舞い上がった。５０００人の観客から大きな歓声と拍手が沸き起こった。

すべての演出が海賊や海をテーマとして統一されていた。

試合開始直前、テーマソングを制作した「多保孝一 feat. 鶴岡 良」がピッチの手前で歌を初披露する頃には会場のボルテージは最高潮に上がっていた。

サポーターらはブルンブルンと頭上でチームタオルを振りながら一緒に歌っている。

〝夢だった場所が今日　夢じゃない場所になる
ここへ来た傷だらけで　追いかけた Field of dreams
栄光の日々じゃない　それさえも誇りだろう
胸に秘め心に刻み　魂を燃やそう
全力で駆け抜けていくんだ　いざ勝利の戦士よ
ここに歓喜の渦を巻き起こせ、胸を張れ、謳え
栄光の Warriors, Soldiers　今きっと征ける〟

午後1時夢スタ初の公式戦が始まった。

相手のヴェルスパ大分はＪＦＬ6年目。今年ファーストステージ11位、セカンドステージ現在7位（ＦＣ今治４位）。

ゴールが生まれたのは試合開始10分だった。

片岡からのリスタート。最前線へキーパーとディフェンダーの間へギリギリのパスを出した。少しだけボールの下をくぐらせるように蹴り、相手ディフェンダーから逃げるようにスライスしていくミドルパス。そのボールに追いついたのは上村だった。

上村はキーパーの位置を冷静に見て右足でダイレクトシュート。左サイドネットで弾むボールを横目で見ながら小さくガッツポーズした。5000人超の大歓声を背に受けながらそのままゴール裏の観客席へ突進していった。

ピッチまでわずか数メートルの観客席。最前列のお客さん皆とハイタッチ。記念すべき夢スタ初ゴールは上村だった。ゴールを決めた直後にサポーターのところで一緒に喜ぶことができる。岡田オーナーが狙った夢スタ一番の特徴をさっそく見せつけるゴールだった。

今治は攻撃の手を緩めない。2本目のシュートは片岡から。強烈なミドルがクロスバーに直撃した。しかし、この時間から今治はピンチを迎え始める。右サイドからと左サイドから何度も両サイドを突破されゴール前で合わされてしまう。自陣のゴール前で相手を何度もフリーにさせている。嫌な流れを切ったのは前半終了間際の44分だった。左サイドにいた小野田からのパス交換で上村がボールをもらうと相手ゴール前をルックアップ。上村と目が合ったのは9番の長尾だった。上村からのピンポイントクロスをキーパーのド正面で完璧なトラップ。あとは落ち着いて股の間に蹴りこんだ。クロッサーとの意思疎通、利き足への柔らかいトラップ、キーパーとの瞬時の駆け引き。長尾の良さが凝縮されたシーンだった。

2－0で試合を折り返した今治。しかし、後半の立ち上がりも今治の守備に安定感がなく大分のラッシュに翻弄される。50分に相手長身FWの栫に縦パス1本でヘッドを流し込まれて失点。2－1の1点差にされてしまう。攻撃はできているが守備のところでボールウォッチャーになりゴール前にフリーの選手をつくらせている。

後半も折り返す時間に入ると、両チームとも暑さと疲労がピークに来ていた。後半は大分が8本のシュート。今治はリードしていたが主導権は相手に渡っていた。守備はギリギリのところで何度も相手のオフサイドに助けられていた。流れが変わらないと見た今治ベンチは新加入外国人のブーバを投入した。

このまま終わっても勝利できるが、後味は悪い。守って勝つよりは3点目が欲しい。暑さでむせ返るような観客席で懸命に応援している人たちの望みは、疲れが吹き飛ぶような追加点だ。その追加点は79分にやってきた。

桑島が抜け出して中央へクロスをあげるとフリーでいたブーバが難なく決めた。3－1。試合はそのまま終了した。

セカンドステージは4勝2分け1敗の4位、年間順位は6位のままだが、4位との勝ち点差が5に縮まった。

満員の海賊が乗った船はひとまず順調に出航した。進水式に限って言えば大成功だ。ただ、まだ何も手にしていない。昇格条件の一つ、5000人収容のスタジアムができただけだ。あと大きなハードルは2つ。集客一試合平均2000人以上と成績年間順位4位以内。

今日の盛り上がりだとお客さんを集める方はなんとか行けそうな気がする。成績はまだまだ不安定要素が多い。

第五章　決して甘くはない現実

JFL初年度は夢スタの力を借りて奮闘するものの昇格可能性が消滅

夢スタのこけら落としは大成功に終わった。だが結局、その勢いを成績につなげることはできなかった。

9月18日、第8節対FC大阪戦を2－2のドロー。9月24日第9節ヴァンラーレ八戸戦は夢スタでの2試合目だった。おもてなし広場では前回と同じようにグルメスペースやダンス、お笑い芸人のステージなどが開催され、4613人が集まったが1－2の逆転負けだった。夢スタ2試合目で早くも初黒星。この時点ですでに今年の昇格への道のりはかなり厳しいものになっていた。

9月28日。Jリーグは来季のJ3参加資格となるクラブライセンスの判定結果を発表。

ＦＣ今治に初めてＪ３ライセンスが交付された。

これで正式に年間順位４位以内やホーム平均入場者数２０００人以上などの条件をクリアすれば、Ｊリーグ入会審査でＪ３加入が認められることになる。

ライセンス交付の威力が絶大だったのか、今治は国体を挟んだ過密日程にも関わらずその後のリーグ２連戦を大量点で勝利する。

10月9日。第10節東京武蔵野シティ戦はホーム（福山）で５－０。

10月14日。第11節奈良クラブ戦は夢スタで５－２の大勝。

この日は雨が降る中、３００３人が来場。夢スタオープンから少しずつ減り続けているのが気になるが、これで累計来場者数は2万６８２３人。平均来場者数は２０６３人となり、目標とする平均来場者数２０００人を初めて突破した。残りのホームゲーム２試合で３１７７人の観客が入れば、目標とする3万人に到達する。このままのペースでいけばＪ３昇格条件の観客数クリアはほぼ間違いない。

現在、今治の年間順位は6位、セカンドステージは3位に浮上した。5位八戸と今治との差が、残り4試合で勝ち点4。わずかではあるが、今季4位以内へ望みをつないだまま、次節は上位のソニー仙台と対戦することになった。

10月22日。ひとめぼれスタジアム宮城で開催された3位ソニー仙台戦。最後の望みをかけた試合だったが、0－2で敗戦してしまう。

「結果的には、今年1年を象徴する試合をしてしまった。ゴール前のチャンスに対するアグレッシブさ、飽くなきゴールへの気迫が欠けていたように思います」と吉武監督は唇を噛《か》んだ。

この時点で今治の自力昇格は消滅してしまった。


同22日に発生した台風22号は沖縄を北上しながら西日本に接近していた。第13節ホンダロックSC戦が開催される29日昼過ぎには、愛媛に最接近すると予想されていた。しかし、今回も四国の中央を縦断する山脈のおかげで試合直前で雨が小降りになった。

セカンドステージ第13節は予定通り午後1時から開催された。

『最後まで諦めない』

『全力で駆け抜けろ』

雨の中、応援席には紺の今治カラーの合羽を着たサポーターが手書きの横断幕を広げていた。昇格の可能性がかなり低いにも関わらず2219人が夢スタに足を運んだ。前半30分。今治ディフェンスの一瞬の隙を突かれ失点。0－1。しかし2分後に同点弾をゲット。雨が上がり始めた応援席では、ポンチョのフードを脱いだサポーターが今治タオルを振り回している。やっとサポーターの笑顔が見えた。

雨は上がり始めていた。風もなく日差しが差し込む時間も出てきた。しかし、再び相手に先手を取られてしまう。後半25分、これもセットプレーからだった。クロスを上げられて中央で頭で合わされて2失点目、これで1－2。

この時、記者席にいた今治のスタッフはスマホの画面に注視していた。今治は4位FC大阪との勝ち点差が7。今治が3連勝すればまだ望みはあるとスマホを握りしめながら他会場の途中経過を凝視していた。

試合終了30分前に先にFC大阪とHonda FCの試合が終わった。結果は0－0の引き分けだった。

この時点で勝ち点差は8に広がった。となると、今治は引き分け以下で終わった時点で勝ち点で追いつけない。今治の昇格が完全に消滅することを意味していた。生き延びるには勝つしか選択肢はなくなった。

後半27分。2－2の同点に追いつく。その後、何度かビッグチャンスを作ったがゴールを割れず2－2のまま終了した。

この時点でFC今治のJ3昇格が完全に消滅した。来期もJFLで戦うことが決まった。

悲願のJ3昇格、そして将来のJ1入りに向けて広がる新たなる夢

11月4日。第14節対流経大ドラゴンズ龍ケ崎は今季最多となる7ゴールの大量得点でホーム最

終戦を終えた。３６８２人が来場し、今シーズンのホーム合計来場者数はこれで３万２７２４人となった。成績は振るわなかったが、観客数の目標3万人は見事に達成した。ＪＦＬでも断トツの集客数だった。

試合も文句なしの圧勝だった。事実上の消化試合だったが、本来の〝楽しませるサッカー〟を存分に見せつけたイレブンに岡田オーナーは誇らしげだった。

「そうですね。（ホーム）最終戦でＪ3昇格の可能性はもうなかったんですけど、我々にとって消化試合はないと。ミッションステイトメントに〝多くの人に感動や勇気を与え続ける〟とある限り、どんな試合もお客さんを満杯にして、そして最高の試合を見せて感動して帰ってもらうつもりでやっていました。ただ、残念ながら（観客）４０００人に届かなかった。まだまだ自分たちの力の無さを感じています。試合自体は勝って終われたのは非常によかったと思いますけど……。

来シーズンへ向けてもっともっと現場も、バックオフィスも、厳しさを持ってプロフェッショナルになっていかないといけないと思っています」

夢スタでの観客数を振り返ってみると、こけら落としの7節が５２４１人。2戦目の9節が４６１３人（福山での10節は３５７６人）。11節が３００３人、12節が２２１９人。そして今日は３６８２人。スポーツ観戦へのモチベーションは天候に大きく左右される。とはいえ、何としても４０００人は超えたいというのが岡田オーナーの本音だった。

「どんなことでもする！」と誓い、昇格条件のホーム平均2000人をクリアすべく、LDHのアーティストやお笑い芸人など、派手なゲストや仕掛けで毎試合臨んだ。

その人たちを見に来た人が、今治のサッカーを見て、今度は選手を見に来てくれるようになる。まずはそこから始めようとした。観客数はJFLの他のチームを圧倒している。この年のホーム観客数はFC今治が3万2724人でJFL1位だった。

FC今治は四国リーグから昇格するのに2年の月日を要した。簡単ではないと分かっていたが、JFLも1年では抜け出せなかった。10年以内にJ1で優勝できるチームを作るとぶち上げた3年前、岡田オーナーの言葉が甦《よみがえ》る。

「まあ僕はもともとの計画も2年刻みでやっていました。よく言われる〝年輪経営〟じゃないですが。年輪というのは伸びない時ほど濃くなって強くなる。急激に成長したときには弱くて薄いと言われるように、我々にとってはもう1年と言うのは必要な時間だったと思います。その時にやらなければならないこと。それが来年のキーワードになる」

FC今治は11月12日のセカンドステージ最終節、優勝したHonda FCに0－0で引き分けた。

今年のJFL最終成績はHonda FCが両ステージ制覇の完全優勝（勝ち点70）。2位ラインメール青森（同61）。3位ソニー仙台FC（同59）。4位FC大阪（同55）。5位ヴァンラーレ八戸（同51）。6位FC今治（同48、12勝12分け6敗）となった。

すでにチームは来年に向けて動き始めていた。特にオーナーにとっては、サッカー以外の経営面でやらなければならないことが山積みだ。

「もう来年度予算をやっていますけど、JFLだとかなり厳しい予算になります。赤字を出すわけにはいかないのでどうするか。これも僕らに課された試練、というか成長のチャンスだと思っています」

「今年は資金もちょっとオーバーしてもいいだろう、という勢いの計画を立てましたが、来年はどうしてもオーバーするわけにはいかない。今年はひょっとしたら黒字になるかもしれないので、そうなればある程度勝負できるが、着地予想が丁度ギリギリなので。もうちょっと精査する必要がある。3年連続赤字だとライセンスがなくなるので、2年連続赤字となると3年目で勝負ができない。今年がもし黒字で着地できれば、来年は勝負が懸けられるなと。

このスタジアムに5000万円近く投資しています。（キャッシュフローとは別に）費用計上ではなく資産計上するものがかなりあるので、そうすれば黒字着地もあり得る。もし赤字になるようなら堅実な予算で行きたいと思っています」

来年の編成や強化も早く手を付けなければいけない。

「選手はここ2年劇的に変えてきましたけど、ある程度粒が揃ってきていると思うので。強化との話の中では大幅な変更ではなくて〝小幅〟な変更になるんじゃないかと」

岡田オーナーは今期の前半はベンチに入ったり、練習など現場にも顔を出したりもした。後半はオーナー業で忙殺されて時間もなく、ある程度は現場のことは任せてきた。

Ｊ３昇格という目標は、来年は絶対に逃せない。その向こうにはＪ１仕様、１万５０００人の複合型スタジアムを建てるという、もう一つ大きな野望がある。

「たぶん建ちます。ここも（建設予定地の）候補ですけど、今、加計学園とかの問題もあるので、なかなか貸せないかもしれないですけど。いろいろな問題があり、明確には言えないですが、必ず建てます。そうしないとＪ１に行けないので」

妄想と言われようがチームはもう転がりだしている。

第19回ＪＦＬが閉幕した。Ｈｏｎｄａ ＦＣがファーストステージ、セカンドステージとも優勝したためチャンピオンシップの開催はなかった。また、年間順位4位以内のチームでＪ３ライセンスを持つチームがいなかったため今季の昇格チームもなかった。

一方、全国地域チャンピオンズリーグ２０１７で優勝した宮城県のコバルトーレ女川と準優勝のテゲバジャーロ宮崎の入会を承認。代わりに今季のＪＦＬで15位だったブリオベッカ浦安と最下位の栃木ウーヴァの２チームが関東リーグに降格した。

来年は20回の節目の大会となるＪＦＬ。

ＦＣ今治の２度目のＪＦＬ挑戦は３カ月後の３月にスタートする。

【第四部】

2018年　2度目の挑戦

第一章　プロフェッショナルの4年目

4回目のプレゼンに込められた想い

1月29日（日）。岡田オーナーが今治にやって来て4年目。今日はシーズンの本格スタートを告げる恒例の方針発表会の日だ。過去3回の方針発表会はいずれも派手な音楽や映像を使い、岡田オーナー自身がステージで説明するなど見応えのあるイベントになっていた。

今年は過去最大の会場、今治市別宮町にある今治市公会堂がその場所に選ばれた。14時から始まる発表会は今年も報道陣だけでなく一般のファンにも無料で開放された。

熱心なサポーターが開場前から20人ほど入り口に行列を作っていた。

ロビーには報道陣のカメラマンやサポーター、そしてFC今治の選手たちも集まってきた。今日は新加入選手以外にも全選手が出席していた。

今年もJ3昇格条件は変わっていない。ファーストステージかセカンドステージでの優勝、あるいは、年間成績が4位以内。加えてホーム戦1試合の平均入場者数2000人以上（ホーム15試合で3万人以上）。これが夢ステージへの2大条件となる。

（＊5000人スタジアムは夢スタでクリア、4位以内かつ百年構想クラブ内2位以上、J3クラブライセンス交付など細かい規定もある）

第20回JFLシーズンのファーストステージは第1節3月11日(日)〜第15節7月1日(日)まで。セカンドステージは第1節7月7日(土)〜第15節11月18日(日)まで。各ステージ優勝チームが対戦するチャンピオンシップが第1戦11月23日（金・祝）または24日(日)、第2戦12月1日(土)または2日(日)と決まっていた（なおファースト、セカンドの優勝チームが同じ場合は開催はなし）。

今季の参加チームは、昨年のJFL年間成績順に記すと、Honda FC、ラインメール青森、ソニー仙台FC、FC大阪、ヴァンラーレ八戸、FC今治、奈良クラブ、ホンダロックSC、FCマルヤス岡崎、流経大ドラゴンズ龍ヶ崎、東京武蔵野シティFC、ヴィアティン三重、MIOびわこ滋賀、ヴェルスパ大分、コバルトーレ女川（新加入・宮城県）、テゲバジャーロ宮崎（新加入・宮崎県）の16チーム。

FC今治の開幕戦は3月11日13時夢スタでのホーム、対ヴェルスパ大分と決まっていた。

岡田オーナー自らによるプレゼンはこれで4回目。

会場には関係者やファン、選手など約200人。報道陣はカメラが約10〜15台、30人ほどが座っていた。

「昨年大きな変化がありました。それはイオンモールの向かいに〝ありがとうサービス．夢スタジアム〟という5000人のスタジアムができたことです。サッカー専用で造っていただき、素晴らしい雰囲気で試合ができるようになりました。当時、半年以上前にプロジェクトチームを立ち上げどうやってここに5000人のお客さんに来てもらうようにするのか、今治で5000人は無理だと皆に言われました。

喧々諤々しました。なかなかこれというアイデアが出てこない中で、まず桜井のグラウンドに来ていただいてるお客様のインサイト、心の内を考えてみようとしました。2000人の中でサッカーが好きで来ている人はどれほどいるだろうか。おそらく500人くらいかもしれないな。じゃあ、それ以外の人はどうして我々のグラウンドに来ていただいているのか……」

スポットライトに照らされた岡田オーナー。会場はシーンと静まり返っている。あっという間に聴衆の心を摑んでいる。時々、カメラのシャッター音が聞こえるだけだ。

「おそらく……町中は人が閑散としていて商店街もシャッターも閉まってる。でも、ここに来たら何か賑わいがありワクワクする。そしてスタジアムで出会う人が、この前あなたも来ていたね、と言って新しい絆ができる……ひょっとしてそういうことを期待してこられているんじゃないか……。そしたらお客様の要望に応えるのが我々の仕事じゃないだろうか。そう思って、スタジアムヴィジョンを作りました。心震える感動、心躍るワクワク感、そして心温まる絆ができるスタジアム……」

新スタジアム建設への強い想い。その想いが伝わってこけら落としでは5200人の満員札止めだった。その後、雨が降った試合でも3000人以上、台風の時でさえ2000人以上が夢スタに来た。絶対に無理だと言われた中で昇格条件のホーム1試合2000人を超えてみせた。

しかし、成績だけがクリアできなかった。

ホーム最終戦、出口でお客さんの見送りをしていた岡田オーナー。ガックリと肩を落とすオーナーに「良かったよ！」「また来年も来るから！」とサポーターからたくさんの声をかけてもらった。涙が出るほど嬉しかった。

「……今年はそれに応える年だと思っています。チームにとっても会社にとっても勝負の年、背水の陣で臨む覚悟です。そういう意味で今年のキーワード……を〝プロフェッショナル〟としました」

ステージ上の巨大スクリーンに『Professional』の文字が青地に黄色く浮かび上がった。

「プロフェッショナルとは成果、結果を出す人です。プロなんだから成果、結果をコミット（約束する、誓う）してそれを出す。トップチームだけじゃない、すべての面で結果を出して行く。

ただ……数字とかに追われて悲壮感を出してるプロフェッショナルは好きじゃないので。明るくポジティブなプロフェッショナル！」

新事務所にもこの言葉『明るくポジティブなProfessional』と書いて貼らせている。

拡大を続けた3年、そして足元を固めるべき新たな挑戦へ

新たに評価制度も取り入れた。各部門の目標設定も作った。例えば、育成部門なら一学年のサッカー人口を200人にするなど。それ以外にも目に見えない部分も追求していく。

「今年は〝孫の手活動〟というものを始めます。うちの育成の子どもたちが月に1回、皆様からいろんなご要望をいただいてそこにお手伝いに行きます。たとえば、庭の木を切ってくれ（と言われれば行く）。5人ほどそこへ行かせる。というように地元の人の力になれるような活動〝孫の手活動〟というのをやります。それから……これはまだ言ってないので後で社長に怒られると思いますが……」というとイタズラな表情でそのまま続けた。

「言ってしまったらやらなきゃいけないので言っちゃいますが……〝子ども食堂（貧困や孤立を抱えた子どもを対象に食事提供する事業で、ここ数年で全国1000カ所近くに増えている）〟をやりたいんです！　未来を担う子どもたちが貧困でご飯も食べられない。そんなことがあってはならないと思います。週に1回でいいから何か役に立てないか」

彼の夢（妄想）はサッカーの成績を上げることだけではない。数字には表れないが、地域から愛してもらえるような活動。それも継続してやっていく。そのアイデアは尽きることがない。やりたいことはまだまだあり、その規模は年々大きくなっている。妄想でも、暴走でもいい。誰もが周りを気にし、なるべく批判されないように生きている現代。でもここに来たら、彼の話を聞いていたらワクワクできる。

この4年でバックオフィスも大きくなった。

今年はスタッフが50人を超えるようになり、個人事業から企業に変わろうとしていた。年間予算も約7億円半ばから後半になっていた。

スタジアムも夢スタだけにとどまらない。1万5000人収容の新スタジアムは、サッカーだけの施設ではない。国内トップクラスのトレーニング設備を併設し、大学と連携した医療機関や宿泊施設などを備える。世界で戦える強いチームを育成から取り組み、世界からトップアスリートが集まるような「複合型スマートスタジアム構想」が見据える目標だ。

また、今治の地域全体を巻き込んだサッカー選手の育成事業「今治モデル」、さらに今治の自然を生かした研修・教育プログラムの実施、中国と香港の提携チームへの指導者の派遣、アジア企業との提携などなど。スポーツビジネスの枠にとどまらない事業構想を掲げている。

今治をメトロポリタンな、世界中から人が集まるスポーツタウンへと育てていくのが岡田オーナーの暴走的妄想だ。

新しい試みとして、その巨大な夢の実現を実行してくれる人材も発掘しようとしていた。

チームは昨年末から企業と求職者が直接やりとりできるインターネットを活用したサービス事業、「ビズリーチ」で執行役員を公募。わずか３週間ほどでなんと９４０人の応募があったという（ビズリーチ史上最多、採用は１人予定）。チーム始動日に岡田オーナーが不在で東京にいたのはこの執行役員面接のためだった。

「だいたい我々のようなスタートアップ（新規企業）は９割がつぶれます。数字上出ています。何とか我々は３年生き延びました。今年が勝負の年だと思います。ここで我々が変われなかったら、残りの１割に入れない。それくらいの危機感を持っています」

トップチームが昇格する、しないの話ではない。話はチームの存続、会社が潰れるか潰れないか。そして、日本の未来がどうなっていくかにまで及んだ。

「30年後、我々の企業理念の具現化はどうなってるんだろう。30年後、私は生きていませんが、死んだ後もこの会社は残ってほしい。そのときどういう会社になってるだろう。30年経ったら社会は大きく変わってるでしょう」

ＡＩ、ＩＴ、ＶＲのますますの進化。より便利に快適になり、どこにも行かなくても実地体験ができる。なんでも手に入る時代が来るだろう。まさかと言うような大企業がなくなっている。

何にもしなくても何でもできるようになる。では、そんな時に人が求めるものは何か。

「おそらく面倒くさいことをしたい。または、人間と人間が触れる温かみがほしい。人と人の絆を大切にする時代が来るんじゃないだろうか。我々は便利快適安全を提供できないかもしれないけど、人と人の絆を大切にするような事業はやり続けられる。きっと我々はそこで役に立てる。

30年後、今治の町でスタジアムににこやかな笑顔が溢れる。すぐに（スタジアムに）行けたらつまんない。駅からは自転車、または徒歩で来る。そこにはいろんな屋台が出て、皆が楽しみながらスタジアムまでやってくる。そういう場所にしようよと社員と話し合ってます」

この3年はエクスパンション（拡張）の期間だった。チームを知ってもらって、今治を知ってもらうことに費やした3年間だった。１００パーセントではないけれど、ある程度はチームの存在が認知されてきた。次は目に見える結果を出していく。この1年は足元を固めることに特化する。

〝Professional〟として責任を果たす年にする。

最後に、会社としても生き残りをかけた年だとハッキリと語った岡田オーナー。

「今年はこの方針発表会も派手な話題もありません。しかし、それは我々がしっかりと一歩一歩前進していけ、というメッセージだと思ってます。派手な成長はしませんが、足元を固めながら前に進んでいきたいと思っています。どうぞよろしくお願いします！」

第二章　2年目のＪＦＬ開幕

2年目の開幕戦は4ゴールで快勝！

1月31日。新体制発表会の2日後にチームは宮崎キャンプへ向かった。

昨年もこのキャンプで出ていた課題を結局は最後まで克服できなかった。同じ轍を踏むわけにはいかない。

キャンプ中にはＪ2のヴァンフォーレ甲府や横浜ＦＣとのトレーニングマッチも予定されていた。

■2月4日（日）vsヴァンフォーレ甲府
45分2本　今治1（1－0／0－2）2甲府

■2月6日(火) vs町田ゼルビア
45分3本　今治2(1－1/0－1/1－1)3町田

■2月7日(水) vs横浜FC
45分3本　今治2(0－0/0－0/2－0)0横浜

■2月10日(土) vsFC岐阜
45分3本　今治7(2－1/4－0/1－1)2岐阜

■2月12日(月) vsセレッソ大阪U－23
45分2本　今治0(0－0/0－2)2セレッソ大阪U－23

トレーニングマッチなので90分以上の変則マッチだったり、1本目と2本目でメンバーが総入れ替わりになったりしているので、スコアや勝敗はそのまま参考にするわけにはいかない。

しかし、結果は2勝3敗、Jのチームと伍している結果に見える。吉武監督の評価は、「カウンターは良くなったが6・5試合分(45本×13本)で9失点はJクラブが相手とはいえボールの失い方が悪かった」と引き締めていた。

また、滞在中は地元の子どもたちとのサッカースクールや選手同士のバーベキューなど、チーム戦術以外の面でもしっかりと交流を深め、約束どおり〝たくましく〟なって今治に帰ってきた。

「最初は覚えることも多く、戸惑うことも少なくなかったですけど、キャンプでみんなと過ごすうちに戦術はだいたい理解してフィットしてるのを感じています」

宮崎キャンプから帰ってきた2月28日。開幕を2週間後に控えたFC今治は今治スポーツパークで最後の調整をしていた。

今年はチームの約3分の1の選手たちがいわゆるプロ契約を結んでいる。プロ契約の選手は徐々に増えているが、残りの半分はまだ仕事をしながらのサッカー生活だ。

ほとんどの選手が月10〜20万円以内のC契約。それ以上のB契約が数人、40万円以上となるA契約はほとんどいない。

食事は、ありがとうサービスが経営するレストランで格安(朝300円、昼500円など)で食べることができるが、毎日の生活が厳しいのは想像に難くない。

それでも、FC今治が成長していく大きな夢に加わるビッグチャンスである。

「これで優勝できるかー、JFL!!」

渡辺隆正コーチの大きな声が練習場に響いた。それは2部練習の最後のミニゲームだった。

「苦しいとき一歩出るか!? 仲間のために!」

疲れが見え始めた選手たちを渡辺コーチが何度でも鼓舞する。

隣ではヒゲを蓄えたことで精悍さを増した吉武監督が腕組みをしながらじっと見つめている。

小雨交じりの今治スポーツパーク。夕方になってグッと冷え込んできた。開幕直前の緊張感はあるが、少しでも気を抜くと無駄な怪我につながってしまいそうだ。

選手だけではない。チームスタッフたちも今年がラストチャンスだと覚悟している。

ふと腕時計を確認すると、練習終了予定の17時を20分も過ぎていた。

まだまだやりたいことは尽きない。準備はやれるだけやっておきたい。鬼気迫る雰囲気が夕暮れのピッチを覆っていた。


2018年3月11日(日)。第20回JFLファーストステージ第1節FC今治対ヴェルスパ大分。

東日本大震災発生から7年。13時のキックオフを前に30秒の黙とうが行われた。ピッチの中ではセンターサークルに沿って紺のユニフォームのFC今治の選手と、赤のアウェイユニフォームを着たヴェルスパ大分の選手が俯いて目を閉じていた。

この日、FC今治のホームである夢スタジアムには4493人が集まっていたが、ゴール裏、メインスタンドを埋め尽くしたお客さんも立ち上がって目を閉じていた。

心配されていた天候は快晴だった。コートがいらないほどの日差しは春本番を思わせた。ホーム平均4000人とぶち上げた集客目標を達成するのは簡単ではないと皆が感じていた。メディアに取り上げられるならば、岡田オーナー自らが出演することはもちろん、何でもしてきた。今治駅前や今治市役所での選手全員によるチラシ配りはもちろん、スタッフも全員が参加した夢スタ大掃除を実施するなどした。

「みんなでFC今治スタッフを助け出せ！」と題し、ホームページ上で4000人までのカウントダウンの様子を公開。目標に到達しないとスタッフがサメに襲われるというブラックな企画を展開するなど必死の取り組みが続いた。

当日の開幕セレモニーでは、一日広報部長として、お笑い芸人の内場勝則さんと未知やすえさんという渋い人選で盛り上げようとした。ハーフタイムではCrystal Kayさんのショートパフォーマンス、岡田オーナーとチームアドバイザー・ラモス瑠偉さんとのトークショーなど有名人の来場企画は今年も継続していた。

さらに今治市内の高校3年生を無料招待するなど、あの手この手の派手な、しかしその裏では地道な集客努力の成果もあり、なんとか目標の4000人突破をクリアしていた。

集客率日本一のスタジアム。今季はホーム全15試合を同じスタジアムで開催することができるが、そのすべてで4000人以上の集客を達成できれば快挙だった。

試合は4－1。終わってみれば今治の快勝だった。

昨年は初勝利まで5試合、時間を要した。だが、仕切り直しとなった今季は幸先よく白星スタートとなった。さらに昨年、夢スタこけら落とし（セカンドステージ第7節、9月10日）では3－1の勝利だったが、今度は4－1で快勝するなど結果もレベルアップした。

「昨年より1点でも多かったのは良かったです」

試合後の会見に臨んだ吉武監督。

「ただ、1失点という課題も残った。前半はメンタルの問題。シュートのチャンスができているのに打たないのが2、3シーンあった。サッカーを理解してないのか、ゴールへ向かうメンタルが乏しいのか。岡田さんが目指す〝明るくポジティブなプロフェッショナル〟という意味では、できるときと、できないときがあるのはプロじゃない。前半と後半の差があるということは伸びしろがあるということ」

試合後の共同会見。今年から新発売の紺色のチームTシャツを着た岡田オーナー。

まずは目標の4000人突破には及第点を出した。

「トップチームに関しては前半……なんだよ、聞いていた話と全然違うじゃねえかよってイライラしてですね」

会見場に笑いが起こる。これも逆転して大勝したからこそ言えることだ。

「皆がゴールを目指してチャレンジしてリスクを冒すようなことをしない。頭で戦術をこなしてるように見えて……ちょっと前だったら怒鳴り込みに行こうかなと思っていましたけれど（笑）」
「今年はとにかく口を出さないと決めていまして。我慢していたのですが、それが良かった。後半は素晴らしい試合をしてくれた。今日は（後半）45分しかお客さんに楽しんでいただけなかったので、次は90分楽しんでいただける試合をしてもらいたいと思います」

前半の不甲斐なさは横パスに逃げているメンタルからくる弱さだ、と吉武監督と同じ苦言を選手たちに呈した。

「ホントに今年大勝負の時だと思ってます。会社としても今年を乗り越えられなかったらかなりやばい。現実無理やりトントンの予算を立ててましたけど、非常に厳しい中でやってます。トップチームについても、今年（J3に）上がらないと『もう待てない』というスポンサー様もおられると思います。ようは、トップチームも上がって、会社としても機能しないとこの1年を切り盛りしていけるか、という大きな壁が立ちはだかっていると思っています」

第三章　ＪＦＬファーストステージ。苦悩、そして決断

Ｓ級ライセンス資格を返上し、監督業への未練を断つ

２０１８年3月18日（日）、ファーストステージ第2節、ヴィアティン三重対ＦＣ今治。場所は三重県四日市市中央緑地公園陸上競技場。昨年、ともにＪＦＬに入会した同期の三重とのアウェイ対戦には、今治や地元三重のファンが１１８７人も集まった。

三重は第1節ＦＣ大阪戦で幸先よく先制したものの1－3の逆転で負けていた。今治とは対照的なスタートだったがホーム開幕でなんとしてもという気迫で臨んできた。

その気持ちに圧されたのか前半を０－２で折り返した。後半にようやく目が覚めた今治が猛攻を仕掛ける。同点弾と逆転弾はともに後半アディショナルタイムという劇的な展開だった。打ち合いとなったシーソーゲームに１０００人を超える会場も大盛り上がりだった。メインスタンドを埋め尽くした今治のサポーターは立ち上がりタオルを振り回して喜んだ。

２０１８年3月25日（日）、ファーストステージ第3節、ＦＣ今治対テゲバジャーロ宮崎。今日も快晴となった今治市のありがとうサービス．夢スタジアム。今日の観客数は２９５３人。集客率日本一を目指し、目標毎試合４０００人としているが遠く及ばなかった。

13時にキックオフ。これまでの2試合と違って前半から試合の支配権を握った今治。しかし前半が終わって0－1というスコアだった。

先の2戦のように逆転劇を期待したが、そう甘くはなかった。

結局、虎の子の1点を守り切った宮崎が勝利。今治は3連勝ならず、今季初黒星となった。敗戦も痛いが、気になるのは3試合連続で先に点を奪われてしまったことだ。

吉武監督もそのことから口を開いた。

「3試合連続で先制点を与えているという課題が克服できていなくて。相手の狙い通り、人数をかけて守る守備を崩せなかった。決定機もなかなかできなかった。次のゲーム（ソニー仙台）も同じような守り方をしてくると思うし、ＪＦＬに慣れているチーム。堅い守備を破れるよう1週間練習したい」

パスでつなぐポゼッションでは常に相手を上回る。だが、今日のようにカウンターやセットプレーで先制されてガッチリ守備のブロックを作られるとなかなか崩せない。一方、攻撃ではシュート数も多く、決定機を作っているように見えるが、負けるときはゴールが決まらない。

今治対策、今治包囲網がどんなものかわかっているが、それでもこちらのスタイルは変えずに突破していくのがこのチームのフィロソフィーだ。

前期と後期でわかれるこのリーグは短期決戦だ。結果を掴めずにズルズルと進めば、ファーストステージの15試合はあっという間に過ぎ去ってしまう。

開幕から3試合を終えて今治は2勝1敗の4位。J3昇格への道は今年も各ステージ優勝か、年間順位4位以内の2通りしかない。


2018年4月1日（日）、ファーストステージ第4節ソニー仙台FC対FC今治。宮城県みやぎ生協めぐみ野サッカー場Aグラウンド。

去年は1分け1敗と勝てなかった相手に4－1の快勝だった。これで順位を2位にあげた。首位は依然、全勝のHonda FC。以下、2位の今治、FC大阪、東京武蔵野、奈良、八戸までが3勝1敗の勝ち点9で並んでいた。このうち来季のJ3昇格の資格を持っているのは今治と奈良と八戸の3チームだが、いずれも上位に付けていた。


2018年4月8日（日）、ファーストステージ第5節、FC今治対ヴァンラーレ八戸。

前日、全勝で首位だったHonda FCがソニー仙台FCに2－2で引き分けた。今日もし今治が勝てば、勝ち点差がわずか1（13と12）となり、優勝へ弾みがつく。

しかし、その想いは相手も同じだった。

ライバル対決は1対1のドロー。勝ち点1を分け合う結果となった。

観客数は2731人。優勝を目指してスタートした今季だが、ここまで5試合で3勝1分け1敗。しかも5試合中4試合で先制点を許す展開だった。わずか15試合しかないファーストステージ。優勝するならもう負けることは許されなかった。

その翌日。日本サッカー界で2つの大きなニュースが駆け巡った。

一つは、ハリルホジッチ日本代表監督の電撃解任。後任には西野朗技術委員長が就任した。6月14日からのロシアワールドカップ開催が迫る中での緊急発表だった。

もう一つの大きなニュースは、岡田オーナーが日本代表やJリーグの監督に必要な日本サッカー協会公認S級コーチライセンスを返上したことだった。

つまり、完全に監督業から身を引き、代わりにFC今治の経営に専念するということだった。

岡田オーナーは「だいぶ前の話で、今頃になって話題になった」と苦笑いしながらも「そろそろ新しい挑戦をするべきだと思うし、そのほうがワクワクする。（ライセンス返上は）監督に未練が残ると思った。自分自身の弱い心があるので持っていたら、またやりたくなる。だからやめておこうと思った」と明かした。

2度のワールドカップを経験し、日本で最も実績ある岡田オーナーが監督から引退する。J1に昇格したFC今治の監督をやることも、ワールドカップを目指して3度目のA代表監督をやることもない。

新しい日本人監督がA代表に決まったとき、ワールドカップを経験した唯一の日本人が監督業を引退した。

昇格に向けたFC今治の苦悩、そして決断へ

2018年4月15日（日）、ファーストステージ第6節。

相手の東京武蔵野シティFCは現在リーグ2位。FC今治は4位。勝ち点差2で追いかける今治はここで勝つと順位が入れ替わる大事な試合を迎えた。

0-0のまま後半アディショナルタイムへ。追加時間は2分。その1分40秒後にオウンゴールを喫し、どうしても勝ちたかった試合は0-1で惜敗した。今治は昇格圏外の5位に後退した。

4月25日（水）の午後。今治の夢スタジアムには岡田オーナーをはじめトップチームスタッフや育成年代のスタッフ、事業本部のスタッフなどが続々と集結していた。月に一度開催されている全スタッフによる全体会議だ。会議の直前、10分だけ岡田オーナーを直撃することができた。

「ちょっと（FC今治が）大きくなってきたから、あそこの部署で何をやっているのかわかんないといけないなと。たとえば、ここでトップチームが今こういうことをやっていると言ったら、

営業がじゃあこういうことができるよねとか、いろんなつながりができる。それぞれ情報が遮断されて縦割りになってたらプラスαが生まれないので」

そして、ここまでのリーグ戦6試合を振り返る。

「……まあ予定通りとは言えないよね。今年は練習も1回も行ってないし見れてないんだけど、ちょっと今週に向けて練習に行ったり監督と話したりしようかなと思っている。まあポイントが絞れていればいいんだけど、自分はアウェイの試合も全然見られてないので、ポイント絞って聞いてみようかなと思っています」

6試合が終わって3勝1分け2敗、勝ち点10の5位。首位はＨｏｎｄａＦＣで勝ち点16。4位のＦＣ大阪は勝ち点12。

「最終的に上にいてくれりゃあいいんだけど、それでもこの前の武蔵野戦というのは〝勝負どころ〟だと思ったんでね。それまで内容はあまり良くない中で何とか引き分けて（5節八戸）、その次の試合ということでものすごく大事だったんでね。そこでまたああいう負け方をしたというのはちょっと心配だなと。俺は押せているとは思ってないけどね。ボールを持ってることは持ってるのかもしんないけど。去年もシーズンを通して波があって最後のほうは非常によくなってきていたんです。今年も最初のうちはキャンプも含めてかなり良かった。ちょっと一つこけてからおかしくなっている感じを受けている。僕が何できるかわかんないけど選手に自信持ってもらいたいし、チャレンジする勇気を持ってもらいたいと思ってますね」

選手に自信を持たせる。吉武監督が緊急ミーティングで探っていたのも同じく心の持ち方だった。

「というか、俺ができるのはそれぐらいのことだからね（笑）」

ようやくの笑顔で場が和んだ。

「今、戦術とか口に出せないから」

では、同じく方針発表会で宣言していたホーム観客数4000人の目標はどうか。

ここまでホーム3試合（1勝1分け1敗）は開幕戦が4493人だったが2953人、2731人と遠く目標には届かない。ただ、JFLの中では飛びぬけてはいるのだが。

「もう……かなりガッカリしているっていうか。でも、やっぱりそれはちゃんと原因があると思うんです。フットボールパークというのに飽きられているから。もちろんチームが勝つっていうのも大事な要素としてあるけど。それ以外、だいたい〝小さなディズニーランド〟をやって失敗するのは、あっち（本家）は飽きられないためにはとことんお金をかけているわけで。中途半端なこんな田舎のディズニーランドじゃ飽きてくると思います。すると、目先を変えなきゃってみんなやってくれてるけど、本当はそうじゃなくて。根本的な〝在り方〟のところだと思います。物珍しさでの集客ではなくて、やっぱり心伝わる対応とか、そういうものをやっていかないといけないんじゃないかなと。だから……ちょっと方向転換。今は集客についても目標を変えても僕は良いと思っていて。

僕としては将来的にスタジアムを満杯にするために、今やんなきゃいけないことを発想しなきゃいけないと思っています。ただ、現場のスタッフたちはもうちょっと頑張りたいと言ってるんです。まあ、最低（J3昇格条件として1試合平均）2000人が入ればいいので。当然、そんな人数では満足はしないけど、目先の集客のために景品を付けたり、チケットをバラまいたりするのではなくて、やっぱり今は3000人しか来てくれないかもしれないけど、しっかり耕しておいて、将来的に4000、5000と来てもらえるようにする」

巨星が今治に舞い降りて動き出した1年目。なんとか四国リーグを突破した2年目。初のJFL参戦と夢スタジアムが完成した3年目。クラブは確実に大きくなっている。

ただ、周りが思っているほど簡単に事が進んでいるわけではない。今でもギリギリで走りながら考えている状態だ。

隣にいた青木誠マーケティング事業部長が時計を気にしている。そろそろ全体ミーティングの始まる時間だ。

第6節で武蔵野シティに敗れて以降の成績は4月29日、ファーストステージ第7節流経大ドラゴンズ龍ヶ崎に0－0。

5月3日ファーストステージ第8節、4－1で奈良クラブに勝利。この勝利でファーストステージ1位へ望みをつないだ今治。

次節は現在2位のFC大阪。上位を下して今度こそ波に乗るぞと意気込んだホームゲームだったが、5月6日、ファーストステージ第9節は1－2で敗戦。

FC今治は計20本のシュートを放つも敗れて今季3敗目。順位は4位から7位へ転落していた。

開幕前、高らかにファーストステージ優勝を宣言していたFC今治。もはや、その目標は風前の灯だと誰もが感じていた。

5月20日（日）、ファーストステージ第10節、FC今治7－1FCマルヤス岡崎。開幕戦以来のホーム勝利が大勝となった。夢スタの2489人がゴール祭りに酔いしれた。

6月2日（土）、ファーストステージ第11節、FC今治0－1Honda FC。

大勝の勢いを首位Honda FCにぶつけたかったが壁は厚かった。前半は今治がシュート数で上回るも、相手の堅い守りの前にゴールならず。逆に29分に左サイドから崩されて痛恨の失点を喫した。後半は互いに決定的なチャンスを作るが決めることができず、そのまま試合は終了した。

6月10日（日）、ファーストステージ第12節、FC今治1－0MIOびわこ滋賀。

7位今治、9位滋賀はこのとき勝ち点でわずか2ポイント差。負ければ順位で逆転される試合だったがFC今治の辛勝だった。雨中の夢スタに集まった2400人になんとかホーム連勝を届けることができた。FC今治はこの勝利で5位（勝ち点20）まで浮上した。

この時点で優勝争いはＨｏｎｄａ ＦＣとＦＣ大阪の2チームに完全に絞られていた。ＦＣ今治がファーストステージで逆転優勝するためには、残り3試合を全勝し、しかも上位チームが連敗しなければならず、その可能性は限りなくゼロに近かった。

6月17日（日）、ファーストステージ第13節ＦＣ今治はアウェイでホンダロックＳＣと対戦。先制したが後半に追いつかれて、1－1の引き分けとなった。この時点でＦＣ今治の優勝はなくなった。

さらに次節のホームゲームでも今治は勝てなかった。6月24日（日）、ファーストステージ第14節、ＦＣ今治2－3ラインメール青森。この敗戦により、順位も今季もっとも悪い8位まで転落した。

この後、チームは大きな決断を下す。ＦＣ今治は新しい監督を迎えることになる。

第四章　新監督の就任

まさに急転、工藤直人コーチの監督就任劇

その日、工藤直人コーチは休みだったが、たまたま今治の夢スタジアムにいた。青森戦で負けた2日後、6月26日の火曜日だった。

一人でクラブハウスにいたとき、かかってきた携帯電話になにげなく出た。その瞬間から彼の運命が大きく変わることも知らずに。

電話の向こうはフットボール事業本部長の木村孝洋だった。

「吉武監督に代わってトップチームの監督になってほしいんだが、考えてくれないか……」

突然の要件で頭が真っ白になった。予想もしていなかった。どうしたらいいのか戸惑った。猛暑のせいだけではない、一瞬景色がグニャリと捻じ曲がったような気がした。大袈裟ではなく立っているのがやっとだった。

木村が言っていることは頭ではわかっていたが、どこか他人事のような気がしていた。その場で決断するにはあまりにも時間が短すぎたので一度電話を切った。

チームが絶体絶命の危機なのはわかっている。ファーストステージの優勝を逃すだけでなく、上位争いにも食い込めていない。ファーストステージが終わるとセカンドステージはすぐに始まるというのに抜本的な対策もなく、目玉選手が加入する気配もなかった。

J3昇格に黄色信号が灯っている、いや、このままでは赤信号が点滅するのは時間の問題だった。

こういうとき、サッカーの世界では監督交代という特効薬をよく処方する。

工藤は、国体で経験こそしているが、いわゆるトップチームでの監督経験はなかった。もちろん、吉武のように世界での実績もないし、プロとしてプレーした経験もなければ、S級ライセンスもない（A級ライセンス所持）。工藤が二の足を踏むのは当然の反応だった。監督要請を断ったとしても彼を責めることはできなかっただろう。

しかし、工藤はそうしなかった。

このとき、工藤に大きな決断をさせた重要な人物が2人いる。

一人は当時FC岐阜の監督を務めていた大木武だった。大木は2015年から2年間、FC今治メソッド事業本部のアドバイザーとしてチームに所属していた。その頃一緒にU-16のトレセンや地域トレセンなどで関わり、リスペクトしていた先輩指導者で、岐阜に行ってからも試合を見に行ったり話をしたりするなど、今でも頻繁に連絡を取り合う仲だった。

大木のアドバイスはシンプルだった。

「それでお前にピンチはあんのか？」

「お前にはチャンスしかねえだろ？」

大木のしわがれ声が壁を吹っ飛ばした。確かに、今回のことで俺にはチャンスしかないじゃないか。

「たくさん指導者がいる中でトップチームの監督をやれるのはひと握りの人間だ。そんなチャンスがあるんだったら逃してはダメだ。そのチャンスを逃したやつを俺はたくさん見てきたぞ」

今治にいたころから心を寄せていた指導者からのアドバイス。

工藤の気持ちはこれでほぼ決まった。

もう一人は、間接的にではあるがやはり岡田武史オーナーだった。

大木への電話の後、工藤が手にしたのがいつも全体ミーティングの前に読んでいる「OUR PROMISE」の小冊子だった。工藤は、その小冊子を「悩んだときに読め」と岡田オーナーから言われていた。

いろんな言葉が書かれている中、そのときの工藤の心に刺さった言葉があった。

〝チャレンジを恐れない〟

〝目の前で起こったことは自分にとって必要なこと〟

この言葉を心の中で何度も反芻した。もう一人の自分に何度も問いかけた。無名の自分にとっては途轍もないプレッシャーだとわかっている。しかし、導き出された答えはすぐに見つかったし、一つしかなかった。

やろう。やるしかない。

このクラブをJ3に上げることだけを考えよう。工藤はそう心に決めた。

翌6月27日、FC今治は吉武博文監督（58）の退任と、コーチの工藤直人（35）が新監督に就任することを明らかにし、同月28日に就任会見をすると発表した。

吉武監督はどちらかといえば、世界大会で称賛された派手な実績を背景に、どこか近寄りがたい孤高のオーラがあった。トレーニング中の指導でも常に答えは明確だった。

「このシチュエーションならこの判断がベストだよね？」

「今日の試合でボールを保持していたのは二十何分だった。じゃあこれをもっと増やすために必要なことをやろうよ」

元数学の教師らしく、問題があるとその答えを導くために正確な数字を弾きだし、チームを解答へとアプローチさせる。

工藤新監督は真逆とはいかないまでも、随分雰囲気の違うタイプの指導者だ。

地元西条出身で高校時代に全国選手権には出場したものの、プロ選手になれたわけではない。

ファーストステージ第 15 節、コバルトーレ女川戦で監督指揮をとる工藤直人監督。写真●南海放送

高校卒業後、２００１年まではＪＦＬ時代の愛媛ＦＣでプレー。しかし出場機会に恵まれず翌年ＦＣ今治の前身である今越ＦＣへ移籍した。松山市内のデパートでアルバイトをしながら練習に励んだ。

元Ｊリーガーでもなく、代表チームを率いた経験もない。しかし、現役時代は誰よりも遅くまでボールを蹴るような努力家で、仲間からの信頼も厚い選手だった。

エリート街道とはほど遠い雑草男。リスタート後、ＦＣ今治３代目の監督がここに誕生した。

しかし、現実はそう簡単には好転しなかった。

工藤監督初陣となった7月1日、ファーストステージ第15節、最終戦。アウェイの宮城でコバルトーレ女川との対戦だった。完全に引いてくる相手をやはり崩し切ることができず、０－０のスコアレスドローとなった。

観戦していた岡田オーナーも「負けなくてよかったという内容。あれでは崩せない」と厳しい表情だったが「監督が代わっても選手がすぐに変わるわけがない」と新監督を慮《おもんぱか》った。

これでファーストステージがすべて終了した。

結局ＦＣ今治は６勝４分け５敗（得点28、失点16、得失点差＋12）、勝ち点22の7位だった。

ＪＦＬの直近３年間をみると、年間順位４位以内の平均勝ち点は56だった。もし、セカンドステージで優勝を逃した場合は、年間順位４位以内に入らなければＪ３に昇格できない。残り勝ち点34ポイントを獲得するには、15試合のうち10試合以上を勝利しなければならない。状況としては、ファーストシーズンが開幕する前よりも厳しい立場となったセカンドステージを迎えることになった。FC今治は背水の陣で突入していった。

7月7日、セカンドステージ第1節、FC今治2－0ヴェルスパ大分。工藤新監督の初白星はアウェイでの大分戦となった。続くホームゲーム、セカンドステージ第2節。7月15日（日）、FC今治2－2ヴィアティン三重。

リーグ戦で苦境のなか、体現される今治の地域貢献

三重との試合を2対2で引き分けた翌日、7月16日（月）。岡田オーナーをはじめFC今治の選手やスタッフ総勢35人はボランティア活動のため、西日本豪雨で甚大な被害が出た西予市野村町を訪れた。

6月28日から7月8日にかけて、西日本を中心に北海道や中部地方など全国的に広い範囲で記録された台風7号および梅雨前線等などの影響による集中豪雨。

野村町では7日朝、野村ダムが満水に近づいたため放流量を急増させたところ肱川が氾濫するなどし、逃げ遅れた5人が死亡した。また、その下流にある鹿野川ダムでも流入量とほぼ同

じ水量を放流する措置を取り、大洲市で川が氾濫。大洲市では概算で4600世帯の家屋浸水に及ぶ見通しを示し、市長は「今回の被災はかなり大きい」と述べ、平成以降最大規模との認識を強調。さらに宇和島市吉田町でも多数の土砂崩れが発生し、11人が死亡。松山市の怒和島では住宅の裏山が崩れて1棟が倒壊し、3人が死亡など愛媛県だけで死者28人、15府県で225人、行方不明者は3県で9人（10／6毎日新聞調べ）となる甚大な被害となった。

発災直後から自衛隊による救護活動はもちろん、ボランティアによる支援活動が始まり、浸水被害の大きかった野村町にも全国からたくさんの人が集まった。

肱川の氾濫で住宅などが水に浸かり、人の手による土砂の片付けや清掃が必要とされた野村町では、地元の中学生や高校生らも加わって、連日朝早くから炎天下の中で黙々と作業をする姿が見られた。

特に被害の大きかった地域の住宅は、窓が流され、壁が剥がれ落ち、至る所に土砂や家財道具の残骸がうず高く積まれていた。道路も寸断されたり土砂で埋まったりしているため、まだ大型車やクレーン車などは入ることができず、できることはすべて手作業で行わなければならなかった。

ほとんどの選手たちは被災地での支援活動は初めてだった。岡田オーナーは東日本大震災をはじめ何度もボランティアに積極的に参加している。

〝今日は来てくれてありがとう　今日も頑張ろう西予〟

手書きの墨で書かれた横断幕がFC今治の選手たちを迎えた。

岡田オーナーをはじめ工藤監督、青木広報、そしてマスクに長靴姿の選手たち。手にはスコップ、ちり取り、リュックを背負って一列で歩きはじめる。

それまで雑談をしていた選手たちの表情が一変する。いきなり目の前に荒廃した町が飛び込んできた。左の広場にはテレビ、机、大きなタンスなどが思い思いの格好で散乱していた。屋根の上にまで瓦礫が乗っかっている。かろうじて歩く道には物はないけれど肱川から流れ、今は乾いた土砂が一面を覆っている。両側のどの住宅も大人たちが片付け作業をしている。かいてもかいても無くならない土砂。ギラつく太陽のせいでほんの数分の作業で全身が汗だくになる。

もといた住民はもちろんここには住むことはできない。体育館などの避難所暮らしをするか、知人を頼りに別の住居での生活を強いられている。

「おじゃまします」

岡田オーナーが歩を早め、あるお宅に入っていった。どうやらこのお宅がFC今治にあたえられた支援作業場のようだ。

すでに家の家財道具などはなく、壁や床も取り除かれて、木の柱だけが剥き出しになっていたが、床下に大量の泥が溜まっていた。それを木枠の隙間からひと掬いひと掬いし、ちり取りで取り除く作業だ。掬った泥をポリバケツで受け取る。ポリバケツは直ぐに満杯になるが、泥はいっこうに減ってくれない。床一面には大量の泥が堆積している。35度を超える外も暑いが、屋内の蒸し暑さと臭いが作業の行く手を阻む。

「ここあたりまで（氾濫した）水が来て……」

2階の窓ガラスのちょうど真ん中を指さした住民の女性。

「（壁の）中にある断熱材が水を吸ってもう乾かないので、それを引き出す作業をしています。家は建って18年なんですけど、外壁直してもらったところだったんです……どうしようもないなって感じです……」

「……イライラも募りますし、一人で作業してたら涙も出るし……でも、こんなにたくさん来ていただいたら力が出ます！　FC今治のサッカーのことは知ってたんですけど、どんな人かは知らなくて……ホントありがたいです」

ご家族の方であろう人が壁をハンマーで打ち抜く大きな音が響いている。

その横では、バールを借りた選手たちが見よう見まねで壁を壊す作業をしている。

昇格を目指している今のチーム事情も苦しいが、生活ができないわけではない。苦しさの程度を競うわけではないが、ただサッカーをするためだけならば、ここに集まってはいない。

〝物の豊かさより心の豊かさを大切にする社会つくりに貢献する〟

ＦＣ今治の理念に従えば、ここにいるのはごく自然なことなのかもしれない。ひと作業を終えた岡田オーナーも顔から大量の汗が噴き出ていた。

王者Ｈｏｎｄａ ＦＣに惨敗。今季中のＪ３昇格は風前の灯火に

その週の7月22日（日）、セカンドステージ第3節、夢スタでの対奈良クラブ戦は1－0で勝利した。この時点でセカンドステージは3位と好位置をキープしていた。

この後、2試合連続でアウェイ戦をこなすとホームにＨｏｎｄａ ＦＣを迎える。王者との大一番を前にできるだけ勝ち点を積み上げ、できるなら連勝で順位を上げておきたかったが、まだエンジンがかかりきらない。

セカンドステージ第4節、ＦＣ今治0－0ＦＣ大阪。

セカンドステージ第5節、ＦＣ今治0－1ＦＣマルヤス岡崎。

格下の岡崎に試合開始からペースを握られ、なかなか打開できないまま互いに3本ずつのシュートを放つなどしたが、前半は0－0で折り返した。ハーフタイムに修正をして挑んだが、得点には結びつけず、警戒していたセットプレーから失点を喫し、0－1で敗戦した。今治が後半に放ったシュートは3本と少なく、ゴールを挙げることができずにセカンドステージで初

黒星となった。

4節まで首位だったソニー仙台は大分に敗れて3位に後退。代わりにＨｏｎｄａ ＦＣが唯一の5連勝で首位に立ち、セカンドステージで負けなしの八戸が通算で2位に浮上した。Ｊ３昇格を目指すライバルの中では八戸が徐々に抜け出し始めていた。

一方、ＦＣ今治はセカンドステージの順位が一気に6位まで下がっていた。

ここまでの年間順位はＨｏｎｄａ ＦＣが2位以下を大きく引き離して勝ち点53で首位。2位八戸が勝ち点38。3位ソニー仙台が同36。4位ＦＣ大阪同35。5位にＦＣ今治が入り、勝ち点30となっていた。

優勝を狙うのは相当に厳しくなってきた。それでも優勝にこだわるのか。それとも軌道修正をして年間4位以内を照準とするのか。新たに就任した工藤監督はこう語った。

「よく聞かれるんですけど……(笑)。一番の目標はＪ３に上がることだとクラブも考えています。結果としてそれが優勝となるのか、4位以内なのかというのは……正直、僕自身考えてなくて。勝っていけば必ず優勝できますし、Ｊ３に昇格できますので。一つひとつ勝つことを選手に伝えてます。これから上位と当たる9月以降がより大事だと思ってます」

まだ数試合だったがトップチームの監督を引き受けてよかったと振り返った工藤監督。

苦しい状況の中で次の目標も見据えている。

もし、このままチームがＪ３に昇格してもＳ級ライセンスを持っていない工藤は今治の監督をすることはできない。昇格の功労者は必ず監督を辞めなければならないのだ。

次はＪＦＬ王者との大勝負が待っていた。


９月２日。ホーム、夢スタジアム。

風が心地よく、見上げるとすでに今治の空も秋の雲に変わっていた。

セカンドステージ第６節。ＦＣ今治対ＨｏｎｄａＦＣ。

スタジアム下のスポーツパーク広場には、今日もたくさんのグルメ屋台やイベントステージがありキックオフ前から賑わっていた。

入場ゲートを潜り抜けて左手に進むと新しいテントが建っていた。

真っ白なＴシャツの左下にオレンジや緑のカラフルなＥＨＩＭＥの文字が丸く描かれ、中心に時計の針がある。ＦＣ今治のグッズとは趣が違っている。

ＦＣ今治／(株)今治．夢スポーツのアドバイザリーボードメンバーであり、アーティストの日比野克彦さんがデザインした復興支援Ｔシャツだ。

ＦＣ今治はこれまでホーム戦での義援金募金活動、トップチームの選手・コーチ・社員を中心にファンクラブ会員やホーム戦運営ボランティア「voyage」の方も参加して今治市、西予市野村地区・宇和島市吉田地区の被災地でボランティア活動などの支援活動を精力的に行った。

クラブはこの活動を一過性のものとせず、継続性を持って息長く活動を行うため中長期的な支援活動「『YOU ARE NOT ALONE』プロジェクト」を立ち上げた。

その機運に乗るようにトップチームも勢いのままに力を発揮したかった。

だが、ＦＣ今治は完膚なきまでにＨｏｎｄａ ＦＣにやられてしまう。

１－４の完敗。立ち上がりからシュートを打たれまくるサンドバッグ状態だった。誰が観ても圧倒された内容に２９２１人の観客も凍りついてしまった。

猛攻にさらされるのでＦＣ今治の最終ラインが引くと、今度はその引いたスペースで自由にやられる。今治は防戦一方でシュートさえ打てない。

相手は強く、速く、正確だ。

試合終了前に早くも帰ろうとしている人たちがいた。

ゴール裏のコアサポーターが叩くリズミカルな太鼓の音だけが、今治の秋空に吸い込まれていった。

大事な時期での連敗。しかも４失点という大量失点で敗れるのはＪＦＬに昇格してから初めてのことだった。

ガックリとうなだれるＦＣ今治の選手たち。膝に手をついたまま動けない選手もいる。力負けの完敗だった。

予想を大きく下回る結果に終了後の拍手はなかった。

第五章　ゴール裏のおばあさまへ

起死回生、嘘のような怒濤の連勝劇で上位を猛追

9月9日、FC今治はアウェイの青森でヴァンラーレ八戸に屈し、まさかの3連敗を喫した。敗戦を知った岡田オーナーは、もちろん我がチームの敗戦を悔やんだが、同時に他チームの結果に目をやった。運命を分けるのは年間順位である。

すると4位だったFC大阪も負けていた（東京武蔵野シティFC2-1FC大阪）。第7節が終わった時点で首位HondaFCが勝ち点59、2位ヴァンラーレ八戸が同41、3位ソニー仙台FCが同39、4位FC大阪が同38、5位東京武蔵野シティFCが同35、6位FC今治が同30。

FC今治と4位との差は勝ち点8のままだった。

残り試合数も同じく8。サッカー界には残り試合数と勝ち点差が同数までなら形勢を逆転で

きるという通説がある。

「まだいける！」

すぐに岡田オーナーは全社員、全選手に一斉メールを送信した。

「まだ諦めるな。残り試合数と勝ち点差が同じならば十分に狙える。逆転で昇格して今治の町が盛り上がってるところをイメージしろ！」

日の丸を背負って戦ったときも、マリノスで指揮を執ったときも、もうダメかと思われるピンチに遭遇した。それでも信じられないような逆転劇で未来をこじ開けてきた経験が岡田オーナーにはあった。奇跡は信じた者だけに起こると実体験していた。

わずかな可能性かもしれないが、残りの8試合を8連勝で切り抜けて、FC今治の選手たちが、ファンが、そして今治の町が盛り上がっている。その未来予想図を現実のものにするには、強い想いを持った同志が必要だった。

事実、ここからFC今治は嘘のような連勝街道を突き進み、怒濤の5連勝を成し遂げる。


【9月16日（日）　セカンドステージ第8節　FC今治　3−0　ソニー仙台FC】

【9月23日（日）　セカンドステージ第9節　FC今治　6−2　テゲバジャーロ宮崎】

【10月14日（日）　セカンドステージ第10節　FC今治　4−2　コバルトーレ女川】

【10月21日（日）　セカンドステージ第11節　FC今治　4−1　ラインメール青森】

【10月28日（日）　セカンドステージ第12節　FC今治　7－0　流経大ドラゴンズ龍ヶ崎】

この時点で、ＦＣ今治は通算順位でついに昇格圏内の4位まで浮上する。Ｈｏｎｄａ ＦＣ戦で惨敗し、八戸にも負けて、これで万事休したと思われてからの怒涛の連勝劇だった。岡田自身は何が変わったと感じているのだろうか。

「頭でどうこう考える前に、まず目の前の試合に勝ちたいという気持ちを前面に出して１００パーセント戦うこと。そういう姿勢がお客さんにも認めていただけるようになったんじゃないかと思っています」

２年ごとにカテゴリーを駆け上がり、10年後の２０２５年にＪ１で優勝争いをするチームを作る。そのためのリミットとなるＪＦＬの２年目。もう少しスマートに進むかと思われたが、これまでの３年間と変わらず茨の道だった。

「僕はそうは思ってないんですよ。こういうシンプルに、自分たちが勝つために何をするんだということを皆が一致団結してやれば、十分乗り越える力は持ってると思ってるんでね。勝負はそう簡単じゃない。でも、そんなに難しいものでもないと思っています」

改めてＪ３昇格の条件をおさらいしておきたい。いくつかあるうちで年間順位4位以内とともに、ホームスタジアムの平均入場者数２０００人以上という条件がある。ここまでＦＣ今治は平均２８００人を超えている。

「そうですね。正直にいえば平均で３０００人を超えるくらいはいきたい、またはいけるかなと思っていたので、ちょっと自分としては残念だなと。ただ、ＪＦＬで平均２８００人が入っていただけることはほかのクラブの数字を見れば、そうあることでもないので、ありがたいと思っています」

「先日の試合（青森戦）をパブリックビューイング開催したところ、２００人近いお客さんに来ていただいて、皆さんが盛り上がっているのを見届けて、かなり手ごたえを感じ出しています。やっぱりＪ３昇格が見えてきたところで皆さんも応援してやろうと思っていただいているのではと思っています」

町が盛り上がり始めて、チームもＪ３昇格へまっしぐらだが、今年はたくさんのことがあった。大きなことの一つとしては吉武前監督の解任だ。

「まあ、あのう……吉武についてはは、まず彼をこのチームに誘ってね。そして一緒に住んで２人でこのチームを作ることをずっとやってきたので、ものすごく心苦しかったですけど……やはり選手が生き生きとプレーできないような状況になっていた。これは吉武一人の責任じゃないし、彼のサッカーが悪いとか、そういうんじゃなくてね。やっぱり流れを変えなきゃいけないってことで、……つらい決断でしたけどね。思い切って、決断しました」

次の武蔵野戦は天王山だ。Ｊ３昇格条件は、①Ｊ３のクラブライセンスが下りること（取得チームはＦＣ今治、八戸、奈良の３チーム＊武蔵野はスタジアム不備などで公布されず）、②

百年構想クラブの認定（認定チームはFC今治、八戸、奈良、武蔵野）、③年間順位4位以内でかつ百年構想クラブで2位以内でなければいけない。

つまり、最終段階でFC今治は年間順位で4位以内にいても、3位以内に八戸と武蔵野が入っていれば、年間順位4位以内〝かつ百年構想クラブで2位以内〟に該当せず、FC今治はJ3に昇格できないのだ。

優勝はHonda FCがほぼ手中に収めることは間違いないだろう。このまま八戸も2位もしくは3位をキープしそうだ。現実的にFC今治が狙うのは4位（うまくいけば2位あるいは3位もある）。そのうえで絶対に武蔵野よりも上の順位にいなければいけない。

そのためにも次の直接対決で武蔵野を叩いておかねばならない状況だった。

「僕の中では（昇格の文字は）消えてなくてですね。Honda、八戸に負けたあと、もうダメかなと思ったら4位のチームが負けてくれてね。勝ち点差が残り試合数と同じだった。これは可能性あると。（勝ち点差が）ちょうど8だったんですよ、8試合を残して。これはいけると思って全社員に〝我々はついてる。十分にいける。大逆転で今治全体が盛り上がってるイメージをしろ〟って。そういう意味では絶対に最後は逆転してですね、この今治に花火がボンボン上がって、皆が大騒ぎしているイメージがあるんです。ぜひ、そうなりたいと思います！」

ちょうど1年前にこの夢スタジアムが完成した。あの超満員のこけら落としからはや1年が経つ。〝心震える感動　心躍るワクワク感　心温まる絆〟を与え続けて1年である。

「さっきも言ったように、集客数ではちょっと物足りないんですけど、選手が得点したときに来ていただいたお客さんがタオルを回すとか、皆さんに本当に楽しんでもらっている。そして帰るときに『また来るよ』と言っていただいてる。そういう意味でやりがいがあります。成功とかそういうことじゃなくて、やってて良かったと思っています」

岡田さんが今治にやってきてはや4年が経とうとしている。

「そうですね。早いですね。もう4年も経っちゃったんですけど、まあ4年間でようやく今治の方、愛媛の方、皆さんに認めていただけるようになったかなと。ようやく愛していただけるようになったかなと手ごたえを感じています。まだまだもっと皆さんに支えてもらえるチームになっていかないといけないと思ってます」

「ここでJ3に上がれるかどうかで、かなり先のプランが変わってきますね。まあ上がれなくたって僕は絶対続けますし、諦めませんけど、ここで昇格できるかどうかというのは先の絵の描き方がものすごく変わってきますね」

用意周到な岡田さんのことだ。もちろんJ3に昇格したあとの2019年に向けて当然準備は進めているはず。地域リーグからJFLに昇格したときとはまったく違う。カテゴリーが一つ上がっただけではない。アマチュアチームがプロクラブになる。選手、スタッフだけでなく、取り巻く環境も桁が変わってくる。これまでの階段とは段差が倍以上違ってくる。2019年はどんなブランディングなのか。

「いや、もう僕は昇格したことしか考えてませんから。残念ながら今の工藤監督は（プロチームの指揮を執れる）Ｓ級（ライセンス）がないから監督ができないので、彼にはすぐＳ級を取りに行ってもらって、まあ新しい監督を招聘するなり内部昇格するなりして、そのときにはＪ３で戦える戦力を揃えます。もう少しお客さんにも来てもらえる選手に来てもらいたいなと。それとともに次のＪ２昇格に備えたスタジアムも考えないといけないので、やることは山ほどあります！」

そのためにも残り３試合、特に次の武蔵野戦は絶対に落としてはいけない試合だ。

奇跡の逆転昇格はならず。最後に力尽きたＦＣ今治が来季見据えるもの

11月４日（日）、セカンドステージ第13節、東京武蔵野シティＦＣとの大一番を３－０で終えた。文句なしの快勝だった。

工藤新監督になり、ゴールに近いシンプルな攻撃ができたこと。メンバーがある程度固定されたことで連係が深まったことなど、連勝の要因は複合的だが、この日はそこにもう一つセットプレーの強さが加わった。

大袈裟ではなく、この90分の結果次第で、ＦＣ今治の、いや愛媛スポーツ界の歴史が変わっていた。勝ち続けることでしか夢はつながらないとわかっている中で、内容を伴った勝利だっ

たのだ。

「（勝つのは）当然でしょ！」と笑った試合後の岡田オーナー。

満面の笑みは今日の重圧と反比例していた。

岡田船長率いる海賊船は大きな潮目に立っていた。

ここまで2018年シーズンの航海も決して穏やかではない大荒れだった。

「次の相手（MIOびわこ）滋賀は前期1－0で勝ってるんですけど。セカンドステージは上位に付けているので非常に重要な一戦になると思っています。次勝つことで最後のホーム戦をいい形で迎えられる」

目指すは前人未到の8連勝、そしてJ3昇格。奇跡の物語は伝説となるのか。

この時までは誰もが最高のフィニッシュシーンを描いていた。

しかし……。


11月11日（日）、セカンドステージ第14節、アウェイの滋賀県甲賀市には1526人のサポーターが集まっていたが、そのうち半数は今治から駆けつけた数字だった。今治市の中心地にある芝っち広場では、パブリックビューイング会場に800人近くのサポーターが結集した。

だが、試合はコーナーキックから先制点を決められ、2失点目はカウンターから。「2点目を取られたのが敗因」と工藤監督が振り返ったように、逆転するまでの勢いはなかった。結局、

1点を返すのみ。

これで昇格圏外の5位に転落した。再び自力昇格の可能性を手放してしまった。

11月18日(日)、最終節でFC今治が勝利し、4位の仙台が引き分け以下ならば昇格へのわずかな可能性は残っていた。が、〝試合以外の何か〟が持つ巨大な力に抗う余力は今のFC今治にはもうなかった。

最終節も開始早々の3分に先制点を奪われた。

この時点で万事休していた。前節の敗戦のショック、そして立ち上がりの失点で完全に勢いを失ってしまったFC今治。

小さな望みを捨てきれない4805人のサポーター。0-1で折り返したハーフタイムにソニー仙台が3-0でリードしていることをスマホで確認する。

満席の会場なのにボルテージは上がらない。スタジアムが唯一沸いたのは後半11分だった。1点を返したが、無情にもこのまま1-1で試合は終了した。

4位のソニー仙台がリードしたまま勝利したため、FC今治の5位が確定した。

夢のステージへ昇格することはできなかった。

同じ日、ヴァンラーレ八戸は先制されながら3-1で逆転勝利。年間通算3位で昇格に必要な4位以内をクリア。試合会場には過去2番目4075人の入場者を記録し、ホーム観客動員数でも過去最高の年間3万3114人を動員し、「平均観客動員数2000人以上」という条件も同時に満たすことになった。

この結果、Jリーグ理事会で正式に承認されれば、青森県初のプロサッカーチームが誕生する。これで東北6県すべてにJクラブができることになる。

「残念でした……昇格できなくて。すべてを懸けてやってきたのですが、最後に昇格できなくて非常に申し訳ないと思います。さっき（試合後セレモニー）のスピーチでも言いましたが、これに関してはすべて私の責任です。何らかの形で責任を取りたいと思います」

試合後。ピッチでサポーターに挨拶を終えた岡田オーナーが、重苦しい雰囲気をそのまま背負って共同会見ルームに入ってきた。

俯いた視線を少し上げてこう続けた。

「ただ、次へ向けて止まることはできません。来年J3に昇格できなかったら、かなり財務的に厳しい状況になるので、まずは会社としての立て直しからです。それからチームを勝てるチームにすること。早急に取りかかりたいと思っています」

岡田オーナーが「今年絶対に上がりたい」としたのは紛れもなく本気だった。

「（現場にほとんどいられなかったことに）悔いはないですけど……途中でホリエモン（第6節Jリーグアドバイザーの堀江貴文氏が試合を視察）が言ったんだけど、岡田さんは（監督を）

試合終了後、ピッチでサポーターに挨拶を終えた岡田オーナー。重苦しい雰囲気をそのまま背負って共同会見ルームへ向かった。写真●FC今治

絶対できないんでしょ？　と。フルコミットできないんでしょ？　と……ああ、自分はできないんだと。じゃあしょうがないじゃん。そりゃあ自分がやったほうがいいと思うことがあるかもしれないけど、できないからしょうがない。その通りで……。98年ワールドカップと、97年の予選と加茂（周）さんが更迭されていきなり監督になったときのことを思い出して……あのとき41歳で監督の経験がなかった。周りに長沼健さん、大仁さん（邦彌、ともに元日本サッカー協会会長）ら代表の監督経験者がいたのに、一言も誰も言わなかった。すごい度胸だなと思って……。それを思い出してから僕も中途半端にできないんだったら全部任そうと。……工藤はもう最高の仕事をしてくれたと思っています」

「前節試合を落とした……。これがすべてだったと思うんですけど。これはしょうがないかなと。足らなかったこと。私自身が体制を作るとき、最初のときにもうちょっと口を出しても良かったかなと今は思ってます。次の立ち上げのことに関しては、ある程度自分の意見を入れて立ち上げて、後は任す形にしたい」

20台近くあるカメラの前で今日の結果と昇格できない悔しさを冷静にかみしめながら、しかし、次のことも同時に進めなければいけなかった。

昇格しても昇格できなくても、やらなければいけないことはたくさんある。

ただ、後者の場合はその足取りは軽いものではない。その重苦しさを一人のインタビュアーが少しだけ遮った。

（先ほど〝何らかの形で責任を取る〟とおっしゃいましたが、チームを離れるわけではない？）

「？……俺が離れたら潰れるじゃん（笑）」

つられて記者たちも大笑いする。今日初めて会見場に笑顔が見えた。

「まあ、給与を返すとか何らかの形で責任取らないと。財務的にも僕の経営のミスでかなり厳しい状況になってるので。その辺は明確にしなきゃいけないかなと思っています」

「お金がないのに良い選手、良い監督と言ったところで獲得できないので。債務超過してしまったらこの会社は終わるので。来年は債務超過しない中で経営をしていきたい。どれぐらいの収支になるかは、もう1回詰め直さないといけない。どれくらいお金があるかわからないのに、どんどん選手やスタッフを補強したら（J3に）昇格したけど潰れちゃったということになるので」

「来シーズンは集客も維持しないといけないんですけど、当初フットボールパーク（試合前のイベント広場）に400万円をかけて毎試合（イベント）やっていたんですが、災害復旧に200万円を回すことで、ステージなどを無くして質を落としてやってきました。それでも200万円掛かってます。ホーム15試合だとそれだけで3000万円かかる。

今の我々には非常に大きい額なので、これをどういう形でやるか至急方針を出さないといけないと思っています」

LDH所属のアーティストやよしもと興業のお笑い芸人によるハーフタイムでのイベントな

ど、アマチュアリーグではお目にかかれない著名人が試合を盛り上げた。

それらが目当てでもいい。若いお客さんにまずスタジアムに来てもらい、そこから選手、チーム、サッカーを好きになってもらう。その戦略は間違っていなかった。若い女性ファンは確実に増えていた。だが、その戦略だけで5000人、1万人とファンを増やすのは難しい。3000人近い平均観客数は、JFLではずば抜けているが、同時に頭打ちにもなっていた。

「地道な活動で集客していく。僕らが最初ここに来たとき（今治桜井に）2000人のお客さまに来ていただいたけど、雨が降ると900人になる。ポスター貼って、車にも貼って、ビラを配ってもダメだった。

我々が今治に来て2年が経ったとき、今治人の友達が一人もいないことに気づいて。我々から町に出ていこうと。それで『お前がやってるなら（試合に行ってみよう）』ということを通じて徐々にお客さんが増えてきた。そういう地道な活動。今『孫の手活動』もしていますし、皆さんから愛されて認知してもらえるような活動を中心にやろうと。お金をかけてという活動は、来年は厳しいと思っています」

「我々はみなさんを笑顔にできる力を持ってると思ってますので、今治、愛媛、日本中の人を笑顔にできる活動です。我々は今、スポーツ、教育、健康をテーマにいろんな事業しています。来年は無理こそできないけれど、それを推し進めていきたい」

〝2025年までにJ1で優勝し、日本代表選手を4、5人輩出、ACLでも優勝争いをする〟

4年前、岡田さんが大きく掲げたアドバルーンがある。伊達や酔狂で言ったのではない。本気で狙う大目標だ。この言葉に酔いしれた人たちが今のFC今治を支えている。

そのアドバルーンは上げたままなのだろうか。

「どうでしょうね。(岡田) メソッドを1年で作る予定が3年かかりましたから。でも、今の社会は大企業でも5年、10年計画や中期計画立てて、それに沿っていこうとしたら間に合わないんです。今の社会というのは、これだけ変化が激しい時代に現場現場で対応していくことが求められるので。僕らが言った10年後に対して責任は持ちます。ダメだったら何かしらの責任を取ります。それにこだわって、そのためにここで無理をする、とはまったく思っていません。変化の激しい時代に予想を立てても計画を立てても、その通りに行かない前提で経営をしていかないと成り立たないんです。それはいろいろな経営者と話をしても同じことを言ってます。

我々も計画に戻すために何かをするという発想はまったくありません。10年後の計画を変えることはしません。ただ、目の前の変化に対してどう対応するかが一番大事だと思っています」

これまで4年間の活動、FC今治の存在が無意味ではなかったことはもはや周知されている。勝利だけ、トップチームが強くなることだけをクラブの理念としていないことも再三説いてきた。

「今日、下(イベント広場)でやったU-9(9歳以下)の大会。僕が来た4年前。うちのスクールが試合に出たら0対10で負けていたのに、今は上のリーグでやれるくらい変わってきているんです。それとグラスルーツサッカー（誰でもサッカーを楽しめるフェスティバル）をやったら200人くらいの子どもたちが集まってくれる。最初は2～30人でした。今日もたくさん来ていただいて、本当にありがたい。これが常時来てくれるかと言えば、そんな甘いものではありません。我々はお金をかけずとも皆さんに来ていただけている。目に見えない資本がある。だから、お金に変えられない感動、そういうものを与えられるように努力しないといけないんです。少しでもクラブの信頼などをなくすと来てもらえないと思っているので……努力していきたいんです」

2度目の〝努力〟という言葉は、まるで自分自身に言い聞かせるようだった。

最後はチーム広報に遮られるようにして、岡田オーナーの会見は静かに終了した。

悔しい。それはもう強烈に悔しかった。

今治の試合会場から会社へ戻る317号の山道をこれほど悔しい思いで帰松した記憶がなかった。取材車の中でディレクターやカメラマンらにひとしきり悪態をついた後、途中の玉川あたりでふと思ったことがある。

あのおばあさまは今頃どうしているのだろうと。

キックオフ3時間前。

ゴール真裏に陣取っていた地元今治から来たという品のあるおばあさまと一緒に居た娘さん

に声を掛けた。おばあさまはてっきり娘さんに連れられ、今日はたまたまいらっしゃったのかと思ったら大間違いだった。

「私じゃなくてお母さんがサッカー見るの大好きでいつも来てるんです」

この親子は必ずゴール真裏に座ると決めているそうだ。

驚いておばあさまにも話を聞いた。

厚手のブランケットを何枚も重ねて鼻の頭を赤くしながら話された時の言葉が忘れられない。

「（試合のある）日曜日が近づくと、ワクワクするんです！」

4年前には無かった風景がここにあった。

〝小さい子からおじいさんおばあさんまで、そして外国人もいて、人口16万人の今治が妙にコスモポリタンな町になってるような……〟

あのおばあさまは帰り道に娘さんにこう言ったはずだ。

「昇格はできなかったけど……来年も必ず見に来ましょうね」と。

私たちは未来に近づいている。今はそれでいいじゃないか。

ゴール裏のおばあさま、また来年夢スタのゴール裏でお会いしましょう。

そして今度こそ……。

【第五部】

2019年　悲願のJ昇格

第一章　5年目のリスタート

歴戦の雄・駒野友一が加入、新監督は岡田さんの盟友・小野剛

２０１９年１月17日。ＦＣ今治の初練習の日。

ＪＦＬで迎える初日は３年目、ＦＣ今治がリスタートを切って５年の月日が流れていた。

昨年、28人で戦ったチームが今年は30人になった。その30人全員がＦＣ今治の練習着を着て、夢スタグラウンドに集合した。その中で、最後にピッチに下りてきたのが新監督の小野剛だ。

２０１７年からスタッフとしてＦＣ今治に所属。コーチを指導するコーチディベロップメントマネジャーやＵ－13コーチを担当。

ワールドカップフランス大会では岡田武史監督の下でコーチを務めた。サンフレッチェ広島やロアッソ熊本で監督、日本サッカー協会技術委員長やＵ－21日本代表監督、中国スーパーリーグ杭州緑城コーチなどを歴任していた。

今年最初の囲み取材は、新加入の目玉、元日本代表の駒野友一（37）からだった。

小野と木村とはサンフレッチェ広島でユースやトップチームでも指導された経緯があった。岡田、木村、小野、恩師の3人からJ3昇格へ力を貸してほしいと言われ、J2福岡からアマチュアリーグである今治へやってきた。

「キックの質は自信を持ってますし、セットプレーのキッカーも務めてきたのでそこも見てほしいです。去年のJFLを見ると、やはりHonda FCが抜けてるので、目標としてはHondaを抜いて、優勝して昇格することですね」

JFL第1回から参加しているHonda FC。

昨年優勝を果たしたことで、優勝回数は最多記録を更新する3年連続8回目となった。通算勝ち点でも2位FC大阪と22点差、5位だったFC今治とは30点も離した。

今年で21回目を迎えるJFLは大会方式が大きく変更される。第16回から昨年まで5年間実施した2ステージ制が見直され、従来の方式だった『1ステージ制ホーム&アウェイ総当たりリーグ戦』に戻して開催されることになった。

地域リーグからの昇格チームは2チーム。松江シティFCと鈴鹿アンリミテッド。一方、J3へは昨シーズン3位に入ったヴァンラーレ八戸が昇格した。また、16位だったコバルトーレ女川が1年で地域リーグに降格することになった。

これにより昨年と同じく16チームがアマチュアサッカーの頂点やJリーグ昇格を目指すことになった。J3への昇格条件はこの時点では昨年同様、J3クラブライセンスの取得、年間通算4位以内（かつ百年構想クラブで2位以上）、ホーム入場者平均2000人以上などを満たすこと。

性格的におとなしい駒野とは対照的なベテランが、同じく新加入の元日本代表選手、橋本英郎（39）だ。大阪人らしくハキハキとインタビューに答える。

岡田オーナーと同じ天王寺高校出身でガンバ大阪、ヴィッセル神戸、セレッソ大阪、J3の長野パルセイロ、そして昨年はJ2東京ヴェルディで4試合に出場した。

死ぬまで現役でいたいと公言する橋本はウィングバックやボランチ、ディフェンスラインもこなすユーティリティプレイヤーだ。

「僕自身のストロングポイントが〝器用貧乏〟だと思っています。各クラブでいろいろなやり方があると思いますが、FC今治も監督が代わって、去年のやり方とはまた変わってくると思う。去年やってるメンバーは戸惑いがあるかもしれないが、僕は今までそういうところで対応してきたので、その対応力を伝えていきたいです。ゲーム中には良い流れ、悪い流れがあります。サッカーは流れの良いときにいかに点を取るか、悪い流れのときにどうガマンするか。その流れを僕は経験としてたくさん持ってるので伝えていきたいです」

特に足が速いわけでも、身体能力が特別高いわけでも、シュート能力が並はずれてるわけでもないが、日本代表で15試合を戦った。最高峰まで上り詰めた男のプロサッカー選手としてキャリア22年目がＪＦＬのＦＣ今治で始まった。

最後に小野新監督の囲み取材となった。監督就任が発表されてから正式なコメントはこのときが初めてだった。

「監督のオファーを引き受けた以上、しっかりと目標を果たしたい。まずは選手のいいところを見つける。一人ひとりが輝いて、それがチームとしての集合体になる。自分のサッカースタイルよりは選手の良さをどれだけ引き出せるかが勝負だと思ってます。当然、Ｊ３昇格、その先という目標を我々クラブが掲げてますので、そこ目指して一丸となって進みたい」

メンバーも大きく変わった。当然、小野監督が目指していくサッカーはこれから築いていくことになる。

「ただ全体としては、原点である貪欲にゴールを目指すアグレッシブさを大事にしたいです。サッカーは点を奪い合う競技です。自分たちのボールであっても、相手のボールであっても、点を取りに行く。昨年もリーグの上のチームには勝てていません。トップのチームにしっかり勝てるチームを作ること。そういう意味では開幕戦と第２戦ホーム開幕戦は非常に重要な試合になる。しっかり準備をしてプレシーズンを戦いたいです！」

新しいスタイルがどうなるのか。これから見極めて作っていくと明言した新監督。

再びコーチに戻った工藤が感じたように、去年までとまた違ったサッカーを見せるのか。古武監督が目指した90分間ボールを保持して、4点取られたら5点取るようなバスケットサッカーから、昨年途中からシフトした、もう少し現実的にゴールへ近い意識で縦にも速さがあるサッカー。

ファーストインプレッションはとても気さくな監督に感じるが、細やかな神経の持ち主であると感じた。にこやかな瞳の奥にある妥協を許さない厳しさも垣間見えた。

彼も百戦錬磨のベテラン指導者だ。木村、吉武、工藤、そして小野。FC今治がリスタートして第4代監督、小野剛、56歳。

今シーズン第21回JFLのキャッチフレーズは「ひらめきを磨け!」

自分のサッカーの信条よりも「今いる選手の特徴を生かして、いかに引き出せるかが勝負だ」と言った。

彼のひらめきにFC今治のJ3昇格のすべてが懸かっている。

新体制発表会で明かされたFC今治の右肩上がりの成長

2019年1月25日(金)。新体制発表会もチームがリスタートしてから5回目。今年は今治市東門町のテクスポート今治で開催された。以前、クラブ事務所があった施設の一部だ。

すでに20社近いマスコミが部屋の前面に陣取っていた。後方には抽選で選ばれた100人のサポーターが集まっていた。

これまで4回の発表会より建物の規模は小さい。壁一面に選手ポスターが貼ってあったり、ド派手な音楽が出迎えたりすることはなかった。

拍手で迎えられた岡田さんの後ろの壁に大きなスクリーンがあり、パソコン画面が映し出されている。

チームカラーの紺色が背中で反射している。

2019年、地元マスコミやサポーターに発する第一声は謝罪から始まった。

「昨年は皆様とのお約束、J3昇格を果たせなくてホントに申し訳ございませんでした。この後、矢野社長から詳しいことをお伝えしますが、最後の試合の、ありがとうサービス・夢スタジアムでのシーンは忘れられません。今年は何とか皆さまとの約束を果たすように社員一同、選手スタッフ一同新たな決意をしております。

我々はいろいろな活動をしておりますが、なんといってもトップチームの成績が大きなインパクトがあると改めて感じました。今年は経営者として勇気を振り絞って〝強化〟に、そして我々全社員をバックアップする体制に整えていきたいと思います。詳しいことは……話がうまくなってしまってしょうがない矢野社長から話させてもらいます。その前に今年は特別ゲストに来てもらってます。この方です！」

岡田さんに促されて登場したのは、スポンサーでもある総合エンタテインメント企業LDH

JAPAN所属の松山市出身、白濱亜嵐さんが今年のユニフォームを着て登壇した。同時にステージにはアウェイ用ユニフォームも登場。3年ぶりのモデルチェンジとなった新ユニフォームは2016年に続いて白濱さんがプロデュースしたものだ。フィールドプレーヤー用キットのデザインを担当したことが説明された。

「ユニフォームに描かれたボーダーは波や海、海賊をイメージし、線の太さにもこだわった」と解説。

ホームは紺色、アウェイは赤色のしま模様が左半分だけ斜めに入る特徴的なデザインだ。差し色で使った金色は「所属事務所のLDH JAPANで特別なときに使われる色。チームに輝いてほしい」と込めた思いを語った。

クラブの規模は確実に大きくなっている。JFLではトップ、J3、J2でも上位クラスだ。ステージのスクリーンにスポンサー件数と金額の棒グラフが映し出された。

初年時2015年(四国リーグ)67社で約1億7100万円。2016年146社2億1900万円。2017年(JFL昇格年)245社3億2900万円。2018年は3億6800万円。

「まだ見込みではありますが、今年は約280社、約4億2000万円の資金を拠出いただき、当社を支えていただいています」と矢野社長。

続いて今年のクラブテーマが紺地に黄色文字で現れた。

「今年のテーマは〝コミットメント〟です。この言葉には関与するという意味に加えて掲げた目標を必ず達成する、決めたルールや約束をきちんと守る、という意味を込めております」

Ｊ３昇格は当然のミッション。ただ、今年も昇格条件は成績だけではない。観客動員数にも昇格するための条件がある。続けて映し出されたのは年間平均来場者数の推移だ。

２０１５年（桜井グラウンド）１２７５人、２０１６年１４５１人、２０１７年（途中から夢スタ開催）２１８２人。

「昨年初めてシーズン全試合をありがとうサービス・夢スタジアムで開催しました。平均で３０８１人の方にご来場いただきました。スタジアム集客率は61パーセントでした」

ホーム入場者数は2年連続でＪＦＬ最多だった。延べ入場者は約６万５０００人。それでも約16万人の今治でまだ半分以上が来ていないことになる。

Ｊリーグはスタジアム集客率80％を満員の定義としている。５０００人収容の夢スタの満員、つまり集客率80パーセントで換算すれば、４０００人を超えた試合は昨年3試合あった。昨年の方針発表会では集客率日本一を掲げたが、現実は簡単ではなかった。

しかし、その目標は下方修正せずに継続することを決めた。そのための〝解析〟も怠らない。試合来場者が、観戦前から観戦後までどんな感情を抱いたかをつぶさに調査した。どの体験がその人に響いたのか、どの事象が観戦への興味を低くさせているのか、などを可視化。例えば、目当ての選手がいなかったのか、会場までの渋滞が嫌だったのか、トイレが込んでいたのか、勝ったのが嬉しかったのか、など一連の体験（カスタマー・ジャーニー）を元にどうすれば改善できるかを具体的に提示し、打つ手を考え、また来てよかったと思える人を増やす。

先述したように今年は選手強化に資金をつぎ込んだ。さらに中国での普及・人材派遣事業で損失を出してしまった。当然そのしわ寄せは運営現場に回ってくる。

経費削減としてはホーム1試合で約400万円かかっていた運営費用を3分の1に削減する。その代わり、より多くの人にホーム戦を楽しんでもらおうと、これまで試合観戦チケットがなければ入れなかったイベントスペースを無料で開放。

また、新しい動きとして育成チーム18歳以下のユースチームを新設した。これも将来のJ2、J1リーグ昇格のためには必要なことだった（＊J2以上のクラブが義務づけられているのは、4つの年代〈U-18／U-15／U-12／U-10〉のアカデミーチーム保有だが、J3では「いずれか一つ以上」を条件とする）。

他にも四国リーグ昇格を決めたレディースチーム、4年目を迎えるバリ・チャレンジ・ユニバーシティも開催し、昨年から始めた「孫の手活動」などの報告があった。

スポンサーやスタッフの増加とともにクラブの活動内容も広がっていた。

最後に岡田さんがステージを締めた。

「新メンバー11人含めて30人。大所帯ですけど小野監督の下で頑張ってくれると思います。ともかく我々一丸となって頑張るという意思だけはものすごく持ってます。というのも、皆さんに『これが最後だぞ』と背中を押されてる気がしました。J3に上がらなかったのにスポンサー料が増えるなんて考えられませんでした。僕が今治に来たときは車にポスターを貼って走ったりしてもなかなか試合に来ていただけなかった。それが今や5000人近いお客様に来ていただけるようになった。ようやく認めていただけるようになったと思います。認めていただいたことに対するお返し、お約束、これを我々が今年しないといけないと思います」

5回目の新体制発表会を無事終え、岡田オーナーは「これで充実したスタートが切れる」と改めて決意した。このあとトレーニングやキャンプをこなし、約2カ月弱で本番を迎えることになる。

シーズンパス購入者はいよいよ1000人超、J3昇格へ盛り上がる機運

翌1月26日（土）。この日はさっそくトレーニングマッチを組んでいた。恒例となった夢スタでの愛媛FCとの愛媛ダービー。

FC今治はチームトレーニングを開始してまだ1週間余り。対する愛媛FCはJ2リーグ戦がJFLより1カ月近く早く開幕（2／24）するため1月8日にチームスタート。すでにトレーニングマッチも3戦目で徐々にコンディションを上げつつある時期だった。

シーズン前だが愛媛のサッカーファンに関心が高く、ライバル対決となるこの日は約1200人の観客が集まった。無料試合とはいえ愛媛、今治ほぼ同数のサポーターが陣取り、小雪が舞う寒空の中、午後2時にキックオフされた。

ゴール裏はほとんどいなかったがメインスタンドは9割ほどが埋まる盛況ぶりだった。

試合は45分、15分、45分、15分という変則的な形で行われた。

まず、驚いたのはFC今治のシステムだ。これまでの4－3－3（ディフェンス4人、中盤3人、フォワード3人）ではなくオーソドックスな4－4－2スタイルで入ってきた。

対する愛媛FCも昨年まで主軸に置いていた3バックではなく4バックシステムでスタート。4－3－3システム。

もちろんさまざまなオプションを試すのが練習試合とは認識しているが、特に今治は早速小野新監督のカラーがそのシステムに表現されていて興味をひかれた。

システムだけでなくサッカー自体も新しいスタイルだった。

「去年まではボールを大事にし、相手にボールを取られないというサッカーだったが、今年はもっと前に速くということで。チャレンジして相手に取られることも増えると思うが。（以前と）両方ができるチームになればすごくいい融合ができると思います」

サッカーの世界では既存のスタイルのまんまやり続けることを進化とは言わない。継続は停滞と同義だ。

90分間ボールを保持するバスケットボールのようなスタイルから、ＦＣ今治は昇格から逆算したニューバージョンに移行することになった。なお、結果は橋本のゴールで１－１の引き分けだった。

２月５日。選手を乗せたチームバスは20人ほどのサポーターに見送られ夢スタを出発。きょうから２月15日まで宮崎キャンプでＪ１のセレッソ大阪などと10日間で実質５試合のトレーニングマッチが組まれた。

２月15日。今年度第21回日本フットボールリーグの日程が発表された。

ＦＣ今治はアウェイでの開幕。第１節（３月17日）の相手はＦＣ大阪。第２節（３月23日）がホーム開幕でいきなりの王者Ｈｏｎｄａ ＦＣ。さらに３節アウェイでソニー仙台ＦＣと４節ＭＩＯびわこ滋賀。スタートから４試合続けて昨年の上位チームとの対戦ばかりだ。

大きく変わったことがある。第16回から５年間実施した２ステージ制を見直し、従来の「１ステージ制ホーム＆アウェイ方式」に戻った。となると昨年のようにいきなり躓《つまず》くと致命傷になる。逆にそこで波に乗れれば、優位にシーズンを進めることができる。

第１節が昨年準優勝のＦＣ大阪、第２節はホーム開幕戦で、たくさんのサポーターが来ると予想される中で３年連続優勝中のＨｏｎｄａ ＦＣとぶつかる。

開催期間は第1節3月17日（日）から最終第30節12月1日（日）まで、16チームによる2回戦総当たりリーグ方式（ホーム&アウェイ）だ。

3月9日(日)。開幕まで約1週間。恒例となったシーズン前の必勝祈願。岡田さんや矢野社長、小野監督や選手ら41人が今治市大三島町の大山祇神社を訪れた。岡田さんも小野監督も駒野選手も誰もが「ＪＦＬ優勝、優勝してJに昇格します」と絵馬に書き、本堂内で勝利祈願のお祓いを受けた後、おみくじを引いた。

紺のスリーピースで決めてきた岡田さんがおみくじを開く。

「吉……」

「勝負事は……〝相手に策謀があるかも。焦って動くと一問着ある。ここは一服して時期を待て。いずれ勝負は勝つ〟か……良しとしよう（笑）」

この後、岡田さんや選手たちは場所を移動して、今度はテクスポート今治で開かれたキックオフパーティーに出席した。

今年はトップチーム30人で始動する。昨年から18人が契約を更新し、新たに11人が加入だ。そのうち高卒ルーキー3人、大卒ルーキー2人、元Jリーガーが6人という構成だ。

年齢は18歳から39歳、平均すると26歳となった。トップチームスタッフは小野監督はじめ8人。この戦力でJ昇格を獲りに行く。

毎年、百年構想クラブは増えており、どのクラブも戦力強化に余念がない。去年よりも厳しくなった中で矢野社長は勝ち点60を目標に掲げ、優勝することをキックオフパーティーのステージ上で宣言した。

昇格に2度失敗したもののファンは離れなかった。去年のシーズンパス購入者が950人。ホーム開幕まで2週間の時点で今年は1070人が購入したという。

さらにFC大阪との開幕戦ではアウェイ応援ツアーのバスが初めて2台になった。

昨年は今治国際ホテルの大広間だったが、今年はテクスポート今治で開催されたキックオフパーティー。新体制発表会と同じく、会場規模はスケールダウンした。一方で、ファンサポーターは年々着実に増えている。

「今日も新居浜や四国中央、遠くは大阪から来ていただいている。そういう人が増えている。なんか今治から徐々に広がっている手ごたえを感じています」

岡田オーナーも手ごたえを摑んでいた。

開幕が8日後の3月17日に控えていた。アウェイFC大阪との初戦を皮切りに、FC今治にとってJ3昇格を賭けた3度目の勝負が始まる。

第二章　3度目のJFL開幕から

勝つための〝型〟のシフト。FC今治に加わる守備への意識

3月17日(日)。第21回JFL第1節FC大阪―FC今治、堺市J-GREEN堺メインフィールド。これまでの対戦成績は2分け2敗。過去2年4度の対戦でFC今治はFC大阪に勝ったことがない。

ホーム開幕が話題のFC今治ということもあり、J-GREEN堺には1912人のサポーターが集結していた。

一方、地元今治では常磐町の芝っち広場（今治大丸跡地）にセッティングされた大型モニター前で無料のパブリックビューイングを開催。約900人がモニター前に陣取った。

FC今治のシステムは愛媛FCとのトレーニングマッチと同じ4-4-2だった。

前半だけで打たれたシュート数は8本。ピンチもあったが何とかスコアレスで折り返す。小

野監督が目指す〝相手ボールでも奪いに行く守備から入る〟というスタイルがうまくはまらず、蹴りあうサッカーに付き合ってしまいFC今治は決定機を作れなかった。

結局13本のシュートを打たれ（FC今治は6本）、無得点の0－0。試合終了間際の大ピンチなどを粘り強く守りきれたことは収穫だったが、迫力ある攻撃がほとんどできず不満が残る開幕戦となった。

「かなり我々のディフェンスラインの裏にボールを送り込んできて、フィジカルな勝負を徹底されました。それに対して最後の最後まで集中して戦ってくれた。みんなで摑み取った勝ち点1だと思います」と試合後の小野監督。

もちろんうまくいかなかった攻撃面には課題を感じていた。

「我々の良さを出すまでに時間がかかってしまい手こずってしまいました。もう少し早めに自分たちのサッカーのレールに乗せること。熱い試合の中で冷静な部分を今後の試合の中でどう培っていくか……」

泥臭く最後のところで防ぎきる守備のアグレッシブさを見せることはできたが、ファンが期待したスペクタクルなオープニングゲームとは違っていた。

3月23日（土）。FC今治ホーム開幕の前日。FC今治波止浜グラウンド。ここはホームスタジアムの夢スタや主な練習場の今治ボールパークから車で10分ほど離れた住宅街の真ん中にポツンとある。今越FC時代から使用する天然芝のグラウンドだ。今はレディースやFC今治の下部組織（小中学生）が練習場として使用している。

今日からここは新設されるFC今治U－18の練習場にもなる。

FC今治もついにユースチームを立ち上げる運びとなった。

岡田さんが今治に来て4年が経過するが、FC今治だけではなく、今治という地域全体でピラミッドの構図を作り、全体で強くなろうという「今治モデル」という育成プログラムを立ち上げた。

いきなりFC今治U－18（高校生）のユースチームを作ると優秀な選手ばかりを引き抜きかねず、地元の反発を受けかねない。それは「今治モデル」の理想ではなかった。

そこで当初は高校生年代のチームはあえて作らずにスタートし、当初は普及からFC今治U－15までの下部組織を所有することになった。そこの選手はFC今治U－15を卒業すると同時に、クラブを離れ、他のチーム（高校サッカー部など）での活動をしていた。

しかし、リスタートしたチーム活動は5年目に入り、クラブが地域の中で徐々に認められるようになった。

今後J3からJ2（またはJ1）に昇格するためには、U－18、U－15、U－12の全3部門の保有が絶対条件となる。

J1へたどり着くためには、なるべく早くU－18チームを立ち上げなければならない。そこでクラブは今治市内の少年団、中学、高校、すべての指導者と会い、「そろそろＪリーグにも昇格しそうだし、Ｕ－18のユースを持ってもいいのでは」と話しながら地元の指導者たちの理解を得たうえで、Ｕ－18チーム発足に踏み切ったのだ。

ＦＣ今治の「今治モデル」に３つのピラミッドができあがった。

まずトップチームへのピラミッド、地域（今治市）のピラミッド、そしてトレセン（ユース育成のナショナルトレーニングセンター制度）というピラミッド。

岡田さんが今治に来てからというもの、市内の全中学高校を舞台にトレセンという形で毎週１～２回指導することを継続してきた。Ｕ－18チームが創設されたとしてもクラブのフィロソフィーとしてそれは継続するという。

【３月24日（日）ＪＦＬ第２節　ＦＣ今治 － Ｈｏｎｄａ ＦＣ】

こちらはトップチームの大一番だった。過去１度も勝ったことがない〝門番〟Ｈｏｎｄａ ＦＣが相手だ。しかし、今治が５度目の対戦で悲願成就、Ｈｏｎｄａ ＦＣに２－１で初勝利を挙げることになった。Ｈｏｎｄａ ＦＣは今季初の黒星、昨年の５月６日以来の敗戦となった。

勝利の要因はいくつもあったが、記者会見で指揮官が挙げたポイントは３つだった。

まず意図的にボールを奪いに行ったこと。「ディフェンスも点を取るための手段である」と言い聞かせてきた。その上で相手の一番嫌な所にしっかり走って攻撃できた。最後はメンタル面でしっかり体をはって守り切ったこと。

では、勝ち方はどうだったのか。「岡田メソッド」というFC今治にしかないプレーモデル、〝型〟を作り、それに則って勝つ。最初に吉武監督が目指したのは90分間ボールを保持しながら4点取られたら5点取りかえす、バスケットボールのようなサッカーだった。

工藤監督になり縦への意識が加わった。

今の小野監督はポゼッションスタイルからは大きく変化している。

ボール保持率ならHonda FCの方が確実に上回っているだろう。シュート数も今治6本、Honda FC12本。

第1節もFC今治は6本、FC大阪は13本だった。もちろん上位との対戦と格下との対戦ではこの数字が大きく変わる。

〝岡田メソッド〟とはトップチームの選手にこういうサッカーをしなさいと制約するものではないと小野監督は言う。

美しさを放棄したわけではない。結果から逆算した泥臭いスタイルでも勝つ。

それが今年のFC今治の新しい〝型〟だ。絶対に結果を求める。

天敵から初めて手にした勝ち点3。これで順位を10位スタートから5位にした。

【3月30日（土）　JFL第3節　ソニー仙台FC　1－1　FC今治】

【4月7日(日) JFL第4節 FC今治 1－1 MIOびわこ滋賀】
【4月14日(日) JFL第5節 テゲバジャーロ宮崎 0－2 FC今治】
【4月28日(日) JFL第6節 FC今治 2－0 鈴鹿アンリミテッド】

6節を終わって3勝3分けで2位のFC今治。いまだ無敗だが昨年後半で見せたような大量ゴールの試合はまだ見られない。いずれも接戦でロースコアゲームだ。

鈴鹿戦は小野新監督のサッカーが色濃く出た試合だった。もちろんゴールを目指すのが大前提だが、そのための守備もしっかりする。先制点のシーンのように、攻撃へつなげるための守備が小野サッカーの特徴の一つ。

「自分たちのボールでしっかりつないでゴールを奪う。それも一つですが、それだけだと得点力は上がらない。相手ボールでも、そこからどうやってゴールにつなげるか。引いて待つのでなくて積極的に奪いに行って相手の攻撃を断ち切る。まだまだ精度を高めていかなければいけないが、相手ボールでもゴールを奪いに行く気持ちを持ち続ける。そういうサッカーの一つを示してくれたと思います」

【5月5日(日) JFL第7節 FCマルヤス岡崎 2－1 FC今治】

今シーズン初黒星はアウェイの第7節だった。勝ち点は同じ12、得失点差でFC今治が2位、岡崎が3位。シーズンスタート絶好調、3連勝中の相手にいまだ無敗の今治が負けてしまった。

【5月19日(日) JFL第8節 FC今治 0-0 松江シティFC】

前節FCマルヤス岡崎に敗れ、さらに先週は天皇杯予選愛媛代表決定戦で松山大学に敗れるなど公式戦連敗で不安が残る中でのホームゲームだった。格下のチームに確実に勝利が欲しかったが、この日もまさかのスコアレスドローに終わる。さらに順位を落としたFC今治は8位まで後退した。

ただ、5節以来となる首位に立ったソニー仙台とは勝ち点4差、2位のHonda FCと3位FCマルヤス岡崎とはわずか勝ち点3差。相変わらずどこが抜け出すか混沌状態は続いていた。

【6月2日(日) JFL第9節 ヴェルスパ大分 0-1 FC今治】

FC今治が3試合ぶりに勝利を挙げた。絶対に負けられないゲームを取り、上位戦線に踏みとどまった。

これで今治の勝ち点は16、順位は5位に浮上した。

【6月9日(日) JFL第10節 ヴィアティン三重 1-2 FC今治】

三重とはＪＦＬ3年目の同期でありライバルだ。過去の対戦ではＦＣ今治の2勝2分けで三重には負けたことがなかった。前節3試合ぶりに勝ったＦＣ今治は、連勝して再び上位に躍り出ることが至上命令だった。今日でシーズンは3分の1が終了する。

優勝するには絶対に落とせない試合が続く中、注文通り連勝を4に伸ばし、Ｊ3昇格圏内の4位に再浮上した。

次節、ＦＣ今治は昇格争いの直接のライバル、現在3位武蔵野シティとの対決がある。首位のソニー仙台は2位Ｈｏｎｄａ ＦＣとの首位決戦も控えている。

一時、負のスパイラルに陥りそうになっていたＦＣ今治。ここ数試合はチームのバランスを取り戻すことができていた。それはあのベテラン選手が復帰していたからだった。

チームの課題解決のカギを握る、元日本代表・橋本英郎の存在感

橋本英郎がチームに復帰したのはしばらくぶりのことだった。

元日本代表の看板を背負い、駒野友一と同じく鳴り物入りで加入した。開幕戦こそ先発したが、2戦目のホームＨｏｎｄａ ＦＣ戦では途中出場。その後、3節から8節までは不出場だった。

クラブから詳しいリリースがなかったので知る者は少なかったが、実は選手生命にかかわる大怪我を膝に負っていた。それから約2カ月ぶりとなる本格的な現場復帰が前節、途中出場し

た三重戦。ホーム初先発が、今節6月16日（日）、第11節対東京武蔵野シティ戦だった。リーグは3分の1が終了し、首位は勝ち点23のソニー仙台、2位にHonda FCが勝ち点22でジワリと上がってきていた。今節その2チームは首位決戦に臨む。

同じくFC今治と武蔵野もJ百年構想クラブ同士の直接対決だ。武蔵野とは勝ち点19で得失点差＋6もまったく同じだが、勝利数の違い（FC今治5勝、武蔵野6勝）でFC今治が4位、東京武蔵野シティが3位だった。

J3昇格条件が昨年と同じならば、年間4位以内の成績で、しかもJリーグ百年構想クラブ内で2位以内でなければならない。

現時点で百年構想クラブ認定は奈良クラブ（現13位）、テゲバジャーロ宮崎（現10位）、ラインメール青森（現12位）とFC今治、武蔵野の5チームだ。

負けられないのは相手も同じだった。

キックオフ直後からハードなプレッシャーをかけに来たのは武蔵野だった。素早く危険信号を察知したボランチの橋本が、味方選手のポジショニングを身振り手振りを交えてコーチングし微調整する。

攻撃では前半33分、橋本と駒野の元代表コンビによる絶妙のパス回しで惜しいシーンを演出。しかし、決定機は明らかに武蔵野が作っている。回すというよりは回されているFC今治のパス回しだ。結局、昇格を狙うライバル同士の対決は0－0のドロー。先日発表された岡田オーナーの日本サッカーの殿堂入りを勝利で祝うことはできなかった。

FC今治に来てから夢スタで初スタメンとなった試合を厳しい表情で橋本は振り返った。

「前半は（ボールを）保持してて特に立ち上がりは良い形が何度かあったので、そういうところでしっかりとれるかどうか。相手がまだ僕らの攻撃に慣れてなかったのでその時間で結果を出していれば違った展開になっていたと思いますね」

武蔵野のやり方はハッキリしていた。しっかりブロック守備を敷いてカウンターを狙う。いわゆるFC今治包囲網を徹底して完遂した。

「そこを前半の立ち上がりで乗り越えられるチャンスがあったんですけど、なかなか越えられなかったことでドンドン相手ペースの時間も増えたのかなと」

今年だけではない。この3年間、ずっと悩まされてきた課題だ。

サッカー競技ならばどのカテゴリーでも存在する格上チームが直面するあるあるだ。受けた相手をどう崩していくか。FC今治だけが克服できていないわけではない。

「昇格だったり優勝だったりを考えたとき、それでも崩さないといけないし、そこが僕らの課題ですから。今は得点力が少し落ちてしまっているので。そこを見つめなおして。皆が共有できる攻撃の形をもっと出せるようにしたいですね」

怪我での離脱の間、橋本は40歳になった。大学を卒業してガンバ大阪でプロになり、今年で21シーズン目を迎える。

自分がプレーに関わっていないときでも絶えず味方に指示を出し、細かくポジショニングを修正し、連係を取り続ける。

「みんなの距離感やバランスのいい状態を理解し合うのがすごく大事なんです。特に僕が出てる時間はそういうことを皆に摑んでもらおうと。僕が交代した後でもその距離感が継続できてフレッシュな選手が活躍できる状態になればよりいいんじゃないかと」

もちろん、ピッチ上でもまだまだ決定的な仕事ができるつもりでいる。そのためにこれからコンディションを上げていくつもりだ。

「まだシーズンの半分以上が残っています。今年に関してはリーグ戦が混戦だと思います。どのチームとやっても差はないと思ってるので、先をあまり見ずに戦っていきたいと思ってます」

橋本が実感しているように、この時期のリーグ戦は1試合ごとに順位が入れ替わる大混戦だ。勝ち点1ずつを分け合ったFC今治と武蔵野は仲良く一つずつ順位を下げて今治が5位となった。Honda FCがソニー仙台に勝ったため、首位Honda FCと5位のFC今治まで勝ち点差は5。これまでのようにHonda FCに独走させないためにも、この後に迎える中断期までになるべく星を落とさないこと、それが今治にとってJ3昇格への最低条件だ。

【6月23日(日) JFL第12節　ホンダロックSC　2-3　FC今治】

順位は2チームがそのまま入れ替わり、FC今治は昇格圏内の3位に浮上、ホンダロックは

5位に後退した。

【6月29日（土）　JFL第13節　ラインメール青森　1－2　FC今治】

前期は残り3試合。現在3位のFC今治を支えているのは失点の少なさだ。ここまで12試合でわずか8失点。1試合1失点しない守備の安定感。首位のHonda FCでさえ10失点。一桁失点は今治だけだった。

一方の得点は15点でリーグ4位。2位のソニー仙台が25得点なのでゴールが少ないのが寂しい。決して守備的なスタイルを敷いているわけではない。失点が少ないのはボールを奪いにいく姿勢が浸透し始めている結果だ。攻撃になると相手はFC今治に対してかなりわかりやすいブロックを敷いてくるので、なかなか得点が入らないのもわかる。そんな中、前節は今季最多3得点を獲ったので、今度は攻撃力の爆発も期待されていた。

連勝したFC今治はついにJFL在籍3年目で最高順位の2位まで上り詰めた。

これで首位との勝ち点差は3、手を伸ばせばHonda FCのうなじに触れられるところまでやってきた。

【7月7日（日）　JFL第14節　流経大ドラゴンズ龍ヶ崎　2－3　FC今治】

【7月14日（日）　JFL第15節　FC今治　2－0　奈良クラブ】

この時期、ＦＣ今治の勢いは止まらなかった。雨の観戦となった２２８２人のサポーターは第６節以来の約３カ月弱となるホーム勝利を噛み締めた。

さらにこの日、首位のＨｏｎｄａ ＦＣがＦＣマルヤス岡崎と０－０で引き分けていた。Ｈｏｎｄａ ＦＣはシーズン前半戦を終えて３年連続で首位をキープして折り返したが、勝ち点でＦＣ今治は1差に追いすがっていた。３位から６位のチームがすべて敗れ、上位２チームとさらに離れた。

シーズン前半が終了して首位Ｈｏｎｄａ ＦＣ、勝ち点33。２位ＦＣ今治、勝ち点32。３位ソニー仙台と4位東京武蔵野は勝ち点25で並んでいる。

Ｈｏｎｄａ ＦＣを完全に射程圏内に捉えたＦＣ今治。まさに天王山となるその首位決戦は次の次。２週間後の17節に控えていた。

第三章　瀬戸際の戦い

小野体制になってから見せる堅調な守備で上位をキープ

シーズン前半を終えてFC今治は2位という好位置にいた。

9勝5分け1敗、22得点11失点で勝ち点32はいずれもJFL3年目で最高成績だ。

昨年までのレギュレーションでは、前後期シーズンごとに優勝を決める2ステージ制だったが、今季から通年の1ステージ制になった。優勝を狙うFC今治にとってはじっくりと後半も戦えるため、ここからどう勝ち点を積み上げていくかが勝負だ。

昨年はこの時点で7位（28得点16失点勝ち点22）。一昨年は6位（16得点15失点勝ち点22）だった。JFLを戦ううえで進化がうかがえる数字だ。

好調の要因は、まず失点の少なさだ。11失点はリーグ最少（首位Honda FCは13失点）。

昨年までの高い保持率を誇るポゼッションでパスをしながらボールをキープし、相手を崩してゴール前へ侵入するスタイルから〝Jに上がっても通用する、格上にも勝てるサッカー〟を構築した小野新監督。

大きな特徴は、相手ボールの時でもこちらから奪いにいく積極的な守備。相手ボールからマイボールにした時、ポジティブ・トランジションでの切り替えの速さを徹底させた。

特に2代前の吉武博文監督が掲げた「毎試合5得点を狙うバスケットボールのようなサッカー」に比べると派手ではなく、一部サポーターから〝守備的過ぎる〟との印象を抱かれるが、「失点のリスクを背負ってでもボールを奪い、ゴールに結びつける。守備ありきではなく、あくまでも得点を獲るための攻撃的な姿勢は変わっていない」と小野監督は反論した。

【7月21日(日) JFL第16節 FC今治 0ー0 FC大阪】

昨年2位だったFC大阪は今シーズンのスタートに躓いていた。15節を終えて順位は10位。しかし、そのFC大阪に対し、FC今治はホームで勝利できなかった。

「いろんなことをやるチームより、シンプルにロングボールを入れてくるチームのほうがうちはやり辛い」

試合後の小野監督の言葉が今日のもどかしさを代弁していた。

勝っていれば勝ち点1差でHonda FCに挑めたのだが、勝ち点3差でいよいよ首位と直接対決を迎えることとなった。

【7月27日(土) JFL第17節 HondaFC − FC今治】＊天候不良により延期

注目の首位決戦は意外な結果が待っていた。

いや、正確には台風6号の影響による悪天候で試合が中止、後日に延期となったのだ。

このHonda FC戦の日程移動がどう影響するのか。

トップチームは試合をせず、そのまま約1週間のオフに入った。8月3日から10日間の恒例の御殿場合宿キャンプを行った。

8月15日。今治に戻ってきたトップチーム。キャンプ明けの初日練習。

御殿場キャンプではほとんどが午前午後の2部練習とトレーニングマッチ（TM）が2試合組まれていた。

「TM中心のキャンプではなかったので、キャンプ前半を体力的に追い込んでいた。〝前半の自分たちを超えよう〟というテーマでやってくれて。疲労の強いなかでやってくれました。今日の練習もそうだったが〝当たり前の基準〟をあげてくれた」

16試合を終えて9勝6分け1敗の2位。得点22は7位、失点11は1位。特筆はやはり失点の少なさだ。

失点が少ないと聞くと＝守備的だと近視眼的に捉えるが、今のFC今治は決してそうではない。

「そうですね。守備をどう捉えるかというのは人それぞれですけど、一貫してやってきているのは少々リスクがあっても〝点を取るための守備〟をすることだと。そういう意味では、もっと点につながってくれたらいいいんですけどね。そういうディフェンスをすると危ないシーンは当然出てきますが、そこはしっかり体を張ってさぼらずやってくれてます」

監督自身、就任当初は戦術が浸透するまでもう少し時間がかかるかと思っていた。が、それ以上に選手が早くに理解してくれて勝ち点にもつながってきた。

「最初来たとき、たびたび出てくる〝当たり前の基準〟という意味では、上で戦うには厳しいと思ってました。選手によく言ってたのは、みんなが見てるのは氷山の一部のきれいな部分。それを支えてるのは誰も見てない下の部分だと。まだまだだが、その辺りがしっかりできるようになってきている。失点を減らしながら攻撃的に出る、というところにいき始めているかなと思います」

〝当たり前の基準〟が最も高い筆頭選手はやはり元日本代表の橋本と駒野だ。

試合中の安定したプレーは誰が見てもわかる。また、練習に取り組む普段の姿勢、それ以外での生活の仕方なども通ずるものがある。

「誰もが『そんなこと知ってるよ』ということをやり続けられるか。そこが結局Jリーグでできるかの違いなんだということを、身を持って、若い選手に背中と言葉で伝えてくれている。そこは非常に大きいなと思っています」

チーム内に好循環が生まれていた。

Honda FC戦も含めて残りは14試合。

8月24日の第18節から再開された第21回日本フットボールリーグ。

【8月25日（日）JFL第18節　松江シティFC　1－1　FC今治】
【8月31日（土）JFL第19節　FC今治　1－1　ヴェルスパ大分】
【9月8日（日）JFL第20節　FC今治　2－0　ヴィアティン三重】
【9月15日（日）JFL第21節　東京武蔵野シティFC　1－3　FC今治】
【9月22日（日）JFL第22節　FC今治　0－1　テゲバジャーロ宮崎】

この5試合でHonda FCは勝ち点36から49へ。今治は33から41へ。再開前はわずか3しかなかった差がついに8にまで広がった。

FC今治はなんとか2位をキープしているものの、首位との差は開くばかり。逆に3位ソニー仙台（勝ち点38）、4位ホンダロック（同34）、5位宮崎（同34）との差が縮まってしまった。

残り試合と勝ち点差が同数以下ならば逆転は可能だ。これはサッカー界の通説である。

ＨｏｎｄａＦＣ戦を含めて残りは9試合。直接対決で勝てば、逆転優勝への望みはつながる。しかし、敗れてしまえばその可能性はほぼない。

さらにＦＣ今治としては今季の最低目標の4位以内を確実にするためにも、勝って5位との勝ち点差を離したい。

ファジアーノ岡山に礎を築いたＪリーグ木村正明専務理事のＦＣ今治評

9月24日。Ｊリーグは２０２０シーズンに向けたＪ３クラブライセンスの判定結果を発表した。合格通知はＦＣ今治を含む４チームに出された。

Ｊ３入会を希望する百年構想クラブであるラインメール青森（現在ＪＦＬ12位）、東京武蔵野シティＦＣ（６位）、奈良クラブ（10位）、ＦＣ今治（２位）の４クラブだ。

この４クラブは11月の理事会で成績面などをクリアすれば11月の理事会でＪリーグ入りが審議される（なお、武蔵野は5年以内のスタジアム新設をする条件付きのため、例外適用申請を提出）。

最終条件はＪＦＬでの年間成績4位以内、かつ百年構想クラブのうち上位2位以内であること。平均入場者数がホーム1試合平均２０００人以上であることなどは昨年と同様である。

この時点ですべての条件を満たしているのは1チーム、ＦＣ今治のみだ。

さらに10月4日には、FC今治への地元の支援状況などを確認するヒアリングのため、J2岡山前社長の木村正明専務理事らJリーグ関係者3人が今治市役所を訪れた。そこでFC今治のユニフォームを着た越智博今治市副市長らと非公開でのミーティングを行った。

約50分後。

「FC今治の全国的な知名度はすでにJ1クラスと思う。が、それに対する観客数1試合平均2800人は非常に少ない印象。地域の盛り上がりや後押しが十分足りているのか疑問を感じています」

ヒアリング終了後の木村専務理事の第一声は以外にも厳しい言葉からだった。

「新しいスタジアムについてもクラブが自らの手で造っていこうとするのは素晴らしいモデルだと思うものの、全国55クラブでクラブがスタジアムを保有しているケースはなく親会社が持っている。例えば、柏レイソルは日立製作所が保有している。ジュビロ磐田はヤマハ発動機が保有している。この2つの例外はありますが、クラブが保有すると金利負担や修繕費負担を直接クラブが負うことになる。これは選手強化費に直結することになるので、継続的なクラブの発展において不安……というと言い過ぎですが。今治がJ3に上がった後、それ以降を本気で狙うのであればこれは重くのしかかってくると感じています」

FC今治の矢野社長と並んで地元メディアの囲み取材に応じた木村専務理事。

ファジアーノ岡山の社長として叩き上げでクラブチームを引っ張ってきた木村。彼からの言葉は今のFC今治にとってあまりにも重く感じられた。

「岡山もプロスポーツチームが無い地域だった。愛媛には愛媛FCはありますが、この東予地域にはなかった中で、それでも2800人の固定ファンがいる。今日もメディアがたくさん集まっていただいたのは（Jクラブ誕生を）待望している表れだとも感じています」

木村専務理事はクラブ運営の理想も現実も知っている。

プロチームが何もなかった岡山でファジアーノを人気クラブに押し上げた手腕はこの業界では有名だ。

今シーズンもJ2を戦うファジアーノはいまだにホームに1万人近いサポーターを集めている（2019年10月20日現在ホーム平均観客9152人）。

「FC今治に対する期待が高いがゆえに、こう申し上げました。JFLの段階で予算が7億近いのは過去の歴史の中でもない。我々Jリーグとしても日本を代表するようなクラブになっていただきたいし、そのポテンシャルがあるクラブだと感じてます」

横に立っていたFC今治の矢野社長は真剣な表情で木村の声に聞き入っている。

「すべてのクラブを見てきた方から知名度の割に来場者が少ないのでは、というご指摘についてはありがたく、それを受けてもっと我々のクラブを楽しんでいただけるようにしたい」

実は木村と矢野は東京大学サッカー部と社会人（ゴールドマンサックス証券）時代での先輩

と後輩で、サッカーだけでなく社会人になってからも強いかかわりがあった。

そして今、偶然か運命か、同じサッカー界で再び出会うことになった。

選手としてもクラブ経営者としても木村は先達だ。それだけに矢野が率いるFC今治には以前から注目していた。

「彼（矢野）が学生時代から地元（愛媛）のために何かをしたいと言ってたのは仲間内でも有名でした。それから岡田さんとFC今治との出会いがあって。実際は泥水を飲むくらいの気持ちでクラブを立ち上げたと思うんです」

同じ境遇を進む後輩の姿が、木村個人としても嬉しかった。しかもこれまでとは違う、FC今治ならではのクラブ経営をリスペクトしていた。

「普通は最初はお金を募るものなのですが、会社の形を作りに行ったのがビックリしました。デロイトというすごい会社から2人を出向させた。子育てや会社設立というのは、最初3年間が大事とよく言います。それまでにまず会社の骨格を作ったクラブはまずなかったのですごいなと思ったのが一番でした」

矢野はFC今治の社長に就任する前、岡田オーナーからファジアーノ岡山を参考にするようにと言われていた。地域的にも近く、町の規模や条件などがそれほど大きく変わらない。親会社を持たない市民クラブでしっかりとした経営をしているクラブ。そこの社長が偶然、大学と社会人でも先輩という木村だった。

当時も今もファジアーノのクラブ運営は業界から目標にされている。

「(岡山に) 勉強に行かせていただくとき、岡田氏に『あの木村でさえ10年かかって十数億円の予算規模にした。自分たちは10年後にJ1で優勝争いをすることを掲げている。どうやらなければいけないか見てきなさい』と言われ、当初から今もずっと意識して指導していただいています」

木村がファジアーノ岡山の社長に就任したのは2006年。

Jリーグ入りを目指している地元クラブから熱烈なラブコールを受けての転身だった。誰もが羨む超エリートビジネスマンから岡山のアマチュアクラブの社長へ。しかも当時、クラブは資本金500万円に対し、負債が1000万円以上。スポンサーはわずか6社で、年間予算は400万円という絶望的な経営状況だった。それでも引き受けたのは「生まれ育った故郷を元気にしたい、恩返しをしたい」と思ったからだ。

そこからわずか1年でスポンサーを200社まで増やし、年間収入を9000万円にまで引き上げた。

チームは2008年にJFL昇格。その時はスポンサー260社、年間予算2億3000万円にまで増額。この年、JFLで4位をキープし、ついにJ2に昇格した(J3は2014年開始)。

サンフレッチェ広島に次ぐ中国地方2つ目のプロクラブが誕生。木村が社長に就任してから

FC今治・矢野将文社長(左)とＪリーグ・木村正明専務理事(右)。写真●南海放送

わずか3年での快挙。収支も初めて黒字に届かせた。

その手腕に目を付けたJリーグがヘッドハンティングで日本プロサッカーリーグのナンバー3である専務理事に迎え入れた。

木村は、同じサッカーボールを蹴って、同じ外資系の有望な将来を〝蹴って〟、同じサッカークラブの経営者となった後輩の矢野をそれからもずっと気にかけていた。

今治がJFLに上がって昇格に失敗した経緯などこの5年間も詳細に知っている。

「Jに上がるステップというのはある程度長い方がその後の伸びも角度も高くなると感じていたんです。こんなこと言っちゃいけないのですが……（ファジアーノが）1年でJFLを通過したのはある意味困った誤算だった。簡単に行けちゃうもんだと（県民に）思われちゃうのも違うと思いますし。長すぎてもいけませんが、J3へのステップは相応の時間をかけてクラブの存在を地域の方と共有する。そういう下積みの期間はあればあるほどいい。松本山雅も長かった。早く上がったからいいものでもない。だから（今治の）17年、18年の苦しみは後で必ず生きると思ってます」

横にいる矢野はますます引き締まった表情をしている。

我々はまだ何も手にしていない。シーズンの3分の2が終わっただけだ。浮かれてはいけないし、浮かれてもいない。特にトップに立つ人間は常にそうでなくてはいけない。

尊敬する先輩からの言葉に引き続き耳を傾けている。

「FC今治はこれまでにない形の上がり方を実践している。愛媛FCさんについては岡山のときに学ばせていただいているんです。南海放送が作った『オレンジ色の夜明け』(昇格を追いかけたDVD&書籍)とかで参考にしています。我々が昇格するまでの苦労や取り組みは、すべて愛媛FCさんに近いものがあるのですが、FC今治さんは従来の市民クラブとはかなり違う進み方をしてる」

FC今治の特徴的な経営戦略で、その筆頭は、自前で新スタジアムを造ろうとしていることだ。サッカー専用スタジアムを自分たちで造ることは世界的にも稀有なことだ。日本中のサッカー関係者がその実現に注目している。ただ、造ったあとも永久的に継続していかなければならない。だからこそ冒頭のようなコメントで木村は警鐘を鳴らした。

もちろん、この時点ではあくまでも計画中であり実現可能な話ではない。

矢野も「現段階では新スタジアムの建設スケジュールは私だけでどうこうなる話ではない。皆さんとしっかり話をして一つひとつ進めていきたい」と返すにとどめた。

FC今治が造ろうとしている〝里山スタジアム〟はJ1基準の1万5千人以上収容の複合型スタジアムだ。

では、なぜJリーグは大きなスタジアムを有することにこだわるのか。

特に日本ではスポーツの価値を計るには〝来場者数〟で決められることが多い。Jリーグもその数字にこだわりがあり、『J1で全試合満席を2030年に達成すること』を目標としている。これは1試合平均にすると2万4000人。

この時期でJ1は史上最高の1試合平均2万700人を集めていた。これは26年前のJリーグ創設ブームのときの数字を超えている。J1が満杯になれば、次はJ2を満員にする。

今年のヴィッセル神戸はイニエスタ効果でアウェイでも満員だ。

「〝Jリーグの中に世界がある〟。それが僕らの目指しているところです」

木村の話はJリーグの未来像から今治の話に戻る。

「FC今治の全国的知名度は地元の方が思っている以上です。こういうクラブはなかなかない。東京の人でFC今治のクラブで働きたいという人が圧倒的に多いのです。レッズやアントラーズを超えてるんです。もし（Jリーグに）入会されたら、56番目のクラブですが、今までの55クラブとは違う成長が考えられる。新しい風が今治から吹いてくると面白いなと」

となると、もう一つの懸念が生まれる。

この四国の地方都市で2つのプロサッカークラブが生きていけるのか。

木村が岡山時代に参考にした愛媛FCと、前代未聞の新興チームFC今治。いずれ近い将来、同じカテゴリーで競うこともあるだろうし、立場がひっくり返ることもあるだろう。そのときにファンは、そしてスポンサーはどうなるのか。

木村の答えはまたもユニークで的確だった。

「言葉を間違っちゃいけないんですけど……かつては廃藩置県したでしょ？　全国行ったらよ

くわかるんですが、〝藩単位〟の方が盛り上がる！　例えば、備後（ファジアーノ岡山）と安芸（サンフレッチェ広島）、松本（山雅）と長野（パルセイロ）とかいわき（FC）と福島（ユナイテッド）とか。やっぱり隣町とのライバル対決の方が盛り上がるんですよ。だから（愛媛の）東予、南予、中予に1つずつJクラブがあってもいいと思います。長野にはJ1仕様のスタジアムが2つあるので大変盛り上がる。だから、愛媛FCの中予に対して、FC今治の東予という構図が、岡山と対戦するよりも燃えるんじゃないかなと。だから同一地域に2つのJクラブがあってもまったく問題ないですね！」

そこまでの発想は無かった。愛媛県内地域、2つが限界だと思っていた。これが自らの考えにリミットを作ってしまう凡人とリミットレスの天才の明確な差だろう。

「今のFC今治はメディアなどの取り上げられ方はすでに当時のファジアーノよりはるかに多く、関心度は高いんです。ならば観客動員は3000人は超えてないといけない。クラブが町にあることの意義というのは、〝共通の話題〟なんじゃないでしょうか。勝った、負けた、とか。当時、毎週岡山のどこかで講演していてファジアーノの試合に来たことがある人？　と聞いても10人に1人か2人という状況でした。テレビで見たことある人がそれ以上。で、試合結果を知ってる人と聞いたらほぼ10割が手を上げる。たぶんFC今治の結果は今治市民16万人がほぼ知ってると思います。そうしたら学校や職場で話題になる。それが一番の存在意義だと思っているんです」

いつのまにか1時間近くが経っていた。

どの質問にもスマートにわかりやすく話をする木村節にすっかり惹きこまれていた。

「あと、サッカーと野球で違うのは〝昇降格〟があること。経営的には難しいが、やっぱり、昇格のときにとんでもないことになるんですよ、町が（笑）。今回も12月1日の最終節や、その前にもし昇格が決まったら、J2、J1と併せてこれから3回も喜べるチャンスがFC今治にはある。もっと言えばACLで勝つかもしれない！　その時は今まで考えられない〝うねり〟がくるんです」

なんか上から目線でいろいろ言っちゃってスイマセン、といいながら話を締めた木村だった。

首位Honda FC戦は完敗、J3昇格に向けて正念場へ

10月5日（土）。7月27日に開催予定だったが台風6号の影響で唯一延期となっていた第17節Honda FC対FC今治。

それまでわずか3差だった勝ち点差が8に広がっていた。延期した間、FC今治の戦績は2勝2分け1敗。Honda FCは4勝1分け無敗。

注目された直接対決だったが1－3でHonda FCの完勝だった。首位との差を縮めるどころか、勝ち点も勢いもますます引き離される完敗だった。残り試合はあと8つ。Hondaと

の勝ち点差は11。

勝ち点差と同数であればまだ逆転可能、というサッカー界で通説とされるリミットを超えてしまった。JFL優勝、つまりHonda FCより上に行くことが可能性として限りなく低くなってしまった。


【10月13日(日) JFL第23節 MIOびわこ滋賀 2-1 FC今治】

【10月20日(日) JFL第24節 FC今治 1-1 ソニー仙台FC】

【10月27日(日) JFL第25節 奈良クラブ 1-1 FC今治】


3連敗の後の2連続引き分け。

大事な時期になんと5試合も勝利から見放され、気がつけばFC今治は順位を一つ落として3位に後退していた。

首位Honda FCは遥か遠くに離れていき勝ち点を56まで積み上げ、いつ優勝してもおかしくない状況になっていた。

そして2位に入れ替わったのはソニー仙台。勝ち点45。3位FC今治と4位東京武蔵野シティは同勝ち点43。得失点差でFC今治が優位に立っているが(5位ホンダロック勝ち点37)、いよいよ4位以内も怪しくなってきていた。

ただ、ここまで勝てなくても3位に踏みとどまっているともいえ、これまでの貯金もあり、まだ4位のJ3昇格圏内にいられることは不幸中の幸いだった。

チームを苦しくしていた一つの要因は、複数得点が取れていないこと。

先制しても2点目が取れない。1点目を取ったからと言って極端に守りに入るわけではないが、なぜか慎重になってしまう。

これもJ3昇格が近づいてきたからこその負の副産物かもしれない。が、この状態が続くようだと今後は引き分けでも許されない状況がやって来てしまう。

いや、もうすでに勝ち続けるしかない崖のギリギリまで来ている。

残りはラスト5試合しかない。本当に昇格がかかるXデーがカウントダウンで必ずやって来る。ワンプレーですべてが変わる、ヒリヒリとした極限の状態。その中で追加点を入れなければ終わってしまう瞬間が必ずあるだろう。

第四章　夢達成、そして新たな航海へ

混戦模様を制し、いざＪ３昇格へ！

チームとしての課題は得点力不足だとハッキリしている。

Ｈｏｎｄａ ＦＣ戦を含めた直近５試合はすべて１得点ずつに留まった。決定機は何度もあるなかで、決めきれていない。優勝という目標が霞んでしまった後遺症なのか、それとも現実路線の４位以内という目標が見えてきた慢心なのか。

残りは５試合。

26節と27節が連続となるホームゲームだった。その後28節アウェイを挟み、ラストの２試合となる29節、30節とまたも連続ホームゲームでシーズンをフィニッシュできる日程となっていた。

おそらく昇格Ｘデーは27節、ホームゲームでの岡崎戦か、28節アウェイの鈴鹿戦か。

26節の戦いで首位Ｈｏｎｄａ ＦＣが勝利し、2位ソニー仙台が引き分けると、Ｈｏｎｄａ ＦＣの4年連続9回目のＪＦＬ優勝が決定する。ともにＪ昇格を狙うＦＣ今治と東京武蔵野シティにとっても、しっかりと目の前の相手に勝てば、その次節にも今季の4位以内が確定する可能性があるなど、次節は注目の試合となった。

【11月3日(日) ＪＦＬ第26節 ＦＣ今治 5−0 流経大ドラゴンズ龍ヶ崎】

1カ月半ぶりに勝ち点3を積み上げたＦＣ今治は勝ち点を46とし、単独3位をキープしていた。

次節、岡崎にきっちり勝利し、5位のホンダロックと6位の三重が引き分け以下に終わった場合、ＦＣ今治の4位以内が確定する。ついに王手をかけた。

シーズン26試合目での王手。ＪＦＬでは3年目。岡田さんが今治に来て5年目。1976年の大西サッカークラブから換算すると43年目での王手だった。

現在、1位Ｈｏｎｄａ ＦＣ勝ち点56。2位ソニー仙台同48、3位ＦＣ今治同46、4位武蔵野同44、5位ホンダロック同38、6位三重同37と続いている。

【11月10日(日) ＪＦＬ第27節 ＦＣ今治 対 マルヤス岡崎】

場所はありがとうサービス．夢スタジアム。最終盤の連続ホームゲームの第1ラウンドだった。

開始1分、オープニングシュートを橋本が放った。

力なく相手GKがキャッチしたが、その2分後にも同じ45度の角度から距離のあるシュートを橋本が打った。立て続けにボランチの橋本がシュート数を稼いでいる。今思えば予兆はこのときに始まっていたのだ。

2分後、他会場で試合が動く。

宮崎の試合でホンダロックが失点する。今治の選手たちは気づいてないだろうが、会場の3381人のファン、サポーターや、大挙してやってきたマスコミは試合開始からスマホとにらめっこをしていた。三重とこのFC今治の試合に動きはまだない。

立ち上がりからボールをつないで試合を支配しているFC今治。

すでにマルヤスはブロックを敷いて守備を固めている。しかし、20分を過ぎるころからマルヤスも落ち着きを取り戻してボールキープし始めてきた。

前半27分。

相手の最終ラインでのボール回しに対し、右サイドからセンターバックへのバックパスに橋本が激しくチャージをかけた。橋本が外へのパスコースを消していたので、相手センターバックは反転してキーパーへバックパス。連動した守備で内村圭宏がキーパーにプレッシャーをかけると、苦し紛れに出した相手キーパーのパスはなんとショート。FC今治の玉城峻吾の正面へというミスキックを誘発した。

相手陣内深いところで一気に攻守が入れ替わり、玉城から相手エリア内の内村へ。その横を2列目から飛び出して来た背番号27番ボランチの橋本へ丁寧なラストパス。これ以上ないお膳立てを橋本が外すわけはなく、糸を引くようなダイレクトショットが相手ゴール左隅に決まった。1－0。両手を広げガッツポーズで自身初となるJFLでのゴールを喜ぶ橋本に桑島良汰が抱きついた。

スタジアムでは紺と黄色で彩られた今治タオルのチームマフラーがいっせいに振り回された。

「あとでお祝いのメールで気づいたんですけど。27節の27分で27番の僕が決めたっていう。やっぱり持ってますね」

橋本のFC今治でのゴールは実はシーズン前の愛媛FCとのトレーニングマッチ以来だった。トップリーグからJ3までを経験し、40歳になった今年、未知の世界JFLへやってきた。しかも、開幕後は怪我で出遅れ、選手生命が途切れてもおかしくない時期を乗り越え、そうして迎えた試合でゴールを決めた。橋本にとっても間違いなくメモリアルな一発となった。

試合はこの1点を守りきったFC今治が1－0で岡崎を下した。

同時間にキックオフされていた他会場も試合が終了した。

ホンダロック1－1滋賀。ヴィアティン三重0－0鈴鹿。

今治が勝利し、ホンダロックと三重が引き分けた。意外なほどあっさりと4位以内確定の条件が揃った。この瞬間、3試合を残してFC今治の年間順位4位以内が確定した。

JFL第27節マルヤス岡崎の試合終了後、サポーターの元に駆け寄る選手たち。写真●南海放送

「昇格しましたーーー!!」

〝TO THE NEXT STAGE〟とプリントされた昇格記念Tシャツを着た全選手がまずはゴール裏へと向かい、決勝ゴールの橋本がサポーターへ向かって勝鬨《かちどき》を上げた。

「やったどーーー!!!」

続いてメガホンを握ったのは太田康介主将。

「待ちに待ったJリーグが来たどーーー!!」

「皆さんには長らくお待たせしました。皆さんのおかげで僕たちは今日、昇格の条件を満たすことができましたーー!! まだ残り試合があるので最後まで熱い応援よろしくお願いしまーーす!」

選手が声を張り上げるたびにゴール裏のサポーターたちが歓喜の声で応える。

ゴール裏にはユニフォームを着た子どもたちはもちろん、お父さん、お母さん、かなり年配の女性の姿も見える。

岡田さんがやってきて5年が経つ。町が変わってきた中で待ちに待った瞬間を泣きながら見ている。

「ここはもともと野球の町だったんですけど、だんだんサッカーにも熱が出てきて、町に一体感が生まれてきました。これから今治の町を全国に広めてほしい! ありがとうございます!!」

「良かった〜。サイコー!!」

「メチャクチャ嬉しいです!!」

「あと2点くらい欲しかったけど（笑）」

「この5年はFC今治ファーストよ、生き甲斐ですね。あんまり娯楽がないのでサッカーがあることで生き甲斐が生まれました」

「私は桜井（グラウンド）の頃から応援しよる。家で待ちよる主人に携帯ではよ知らせんと。私らはもう80歳よ（笑）。選手も監督も応援も一丸となって。心臓がどきどきしたけど頑張ってまた来年も来ます！」

「やっぱり今治の起爆剤やね!!　もっともっと上に行って欲しい」

「Jリーグへ行こ〜う〜Jリーグへ行こ〜う〜Jリーグへ行こ〜う、みんな〜で〜行こう〜!!」

この日、応援席の大合唱はいつまでも終わらなかった。

J3昇格はあくまで通過点。途方もなく広がる岡田オーナーの壮大な夢

その頃、歓喜に沸く応援席とは対照的に、試合後の岡田さんは淡々とした表情で記者会見を

こなしていた。

「僕自身それほど喜んでいなかったので、何だと思って見ていた方も周りにはいたんじゃないかと……」

いつも通り、グラウンドが見渡せるクラブハウスの2階で、一人で見ていたという岡田さん。試合終了の瞬間、座ったままピッチから目線を動かさなかった。

派手なガッツポーズも、こらえきれない涙をぬぐうこともなかった。

少しして近くにいたスタッフから差し出された握手に何度か応えていた。少し遠慮がちに。

「ホッとしたというのが正直なところですが。ありがたいことに周りがここ2、3試合転んでくれたんでね。この流れはいけるなと感触はありました。まあ、こんなところで喜んでいる場合じゃないので。想定よりも1年遅れてるし。これは単なる通過点であり決して終着点ではないので」

実はこの5試合勝てなかったときは、大きな決断を下そうとも思っていたそうだが、回避できた。社員、スタッフのために冷酷な判断も辞さない覚悟だったという。

が、今日首に巻いてきたチームカラーである紺色のストールには小さな祈りを込めていたはずだ。

昇格をほぼ決定させたことにホッとしている。でも、オーナーとして会長としてやれなかったことの悔しさ、この5年間の厳しさを感じていたが、チームの成長、今治の町の変化も感じていた。

「去年、もしもチームが昇格していたら『また岡田が何とかするだろう』となっていたと思うんです。上がれなかったおかげで今治の人たちが自分のこととして『来年こそ上がるぞ！』となってくれた。スポンサーさんも『増額するからもっといい選手を獲れ』とか『新しくスポンサーやらせてくれ』とか『１０００万円寄付する』とか、そうやって今治の町が動き出したんですよ。

そうやって動き出すためにもう1年が必要だった。そういう意味では5年かかりましたがすべて必要なことが起こって、それが我々の力になっていた。そう思っています」

最初、今治に来たときに、中心のドンドビ交差点を見るとそこは更地で、商店街も誰も歩いていなかった。このままチームが強くなっても応援してくれる人がいないのなら意味がない。サッカーだけのことを考えるのは辞めた。町と一緒に元気になる方法がないだろうか。そう思って地域や地方の創生も一緒にやろうと考えた。

それがすべてのスタートだった。

「58歳で今治に来て、63になりました。そのうちどっか行きたくても足が動かなくなるんじゃないかと（笑）。ありがたいことに、この5年間は潰れずにやって来られました。会社を始めるときに（知人である）ライフネット（生命保険株式会社創始者）の出口（治明）さんに〝統計上、スタートアップした9割が5年以内に潰れる。岡田さんは1割に残るためにチャレンジを始めた〟と言われた。でも、〝リスクあるチャレンジをしなくなったら社会は変わらない〟と言われたんです。

僕は5年を一つの目標に据えてやってきました。僕にとっては節目の5年目に昇格を果たしてくれたことは満足してます」

周りも、選手らも、予定よりも1年遅れていると感じている。なんだ、うまくいってないじゃないか、という声もある。『2025年にJ1で優勝争いをする!』と言った宣言に追いつくためには、どこかのカテゴリーを1年で通過すれば不可能ではない。

だが、ちょうど1年前、岡田さんが言ったように目標は変わるものだ。軌道修正をしながらも諦めたわけではない。

新元号に変わった今年、今治モデルの象徴であった今治東中等教育学校が全国高校サッカー選手権大会に出た。

JFLでの3年間、いや、アマチュア時代の5年間はむしろ必要な年月ではなかったのか。

2020年にJリーグのステージを迎えるのは必然ではなかったのか。

「そうですね。(今治)東が選手権に出てくれたのは、今治モデルというのを提唱してからのことですから。今治の少年団、中学校、高校のサッカー部全体で一つのピラミッドを作ろうと。そして、我々の指導者を派遣して岡田メソッドを皆でやろう。全体で強くなろうという事をやってきました。その一つの成果目標が、今治の高校が全国選手権に出ることでした。県大会決勝は今まで2回ほど進出していましたが負けが続いていて。僕も直接高校に行って、ミーティングをしたり、練習をしたりしました。我々の成果ではないかもしれないが、選手権に出場し、我々FC今治がJリーグに昇格しました。岡田メソッドも完成してIT化が進んでいます。そして新しいスタジアムを造る動きも出てきています。

何か重かった石がようやく動き始めたという感覚を持っています。大きな石が動き始めた元年かもしれない。ここまで動き始めるまでが大変で、ここからもっと動いていくのかなと楽観的に思ってます」

正式にJ3リーグ昇格が決まったのは、約1週間後の11月18日だった。

Jリーグが東京都内で理事会を開き、FC今治の来季J3参入を正式に承認した。取材に応じた矢野社長は「サッカーで強くなるだけではなく、地域とともに日本を元気にするようなクラブになっていきたい」と抱負を述べた。

結局、FC今治のJFLでの最終順位は3位だった。

残り3試合、28節鈴鹿戦は0－2で敗戦、29節ホンダロック戦は2－2のドロー。

JFLの卒業式はせめて勝利でカッコよくといきたかったが、30節の青森戦も0－0でドローフィニッシュだった。

昇格が決まって気が抜けたわけではないだろうが、残りの3試合を一つも勝てずに終えた。

ラストの連続ホームゲームとなった2試合が引き分けに終わった。逆に言えば、最後まで負けなかった今年のFC今治らしいゲームだったと言えるかもしれない。

優勝は断トツでHonda FCだった。2位にソニー仙台FC。そして3位がFC今治。ホーム観客数でいえば、FC今治が断トツで1位だった。

今年もJ昇格条件の平均2000人を大幅に超える3113人（2位奈良クラブ2020人*後に水増しが判明）。これは3年連続トップという快挙だった。

2015年の桜井グラウンド時代が平均1275人、2016年が平均1451人、途中から夢スタ開催となった2017年で平均2182人、2018年は平均3081人。

立ち見を含めると5000人超のスタジアムで、毎回4000人を目指していた岡田さんにとっては不満の数字だったが、ほとんどのチームが1000人を切る平均入場者の中で3000人を超えるのは驚異的なことだった。

今年J3で平均5000人を超えたチームはギラヴァンツ北九州とロアッソ熊本の2チームのみ。

いくらFC今治に知名度があるとはいえ、今治市人口約16万人の規模はJ3では最少となる。J3ではどこまで観客数を伸ばせるのか。もしくは、キープすることができるのか。

引き続きクラブの、岡田さんの手腕が試される。

「僕が夢を見て、ホラに近い夢を語っていたらどんどん、この夢スタジアムもできた。そして1万人のスタジアム、これもおそらくできます。それも夢を語ってただけですけど、皆さんがそれに共感して力を貸してくれて。チームも選手も指導者、スタッフが集まって、いつ潰れるかわかんないクラブの給料も前職より全部安い。でも集まってくれた。皆さんに夢を見せようなんて思ってなくて。わがままですけど、自分の夢を追いかけてただけですが、そしたら皆さんが助けてくれた。これからも壮大な夢を語っていくので(笑)、だいぶ騙されてる人も多くて、1万人のスタジアムも建っちゃうんじゃないかと……これいうとまた怒られちゃうんで(笑)」

記者会見場が笑いに包まれる。岡田さんが見た窓の向こうには、岡田さんの中での新スタジアム建設予定地である広大な駐車場が広がっている。

「だから、僕はまた夢を語って、リスクを冒して、チャレンジしていこうと思ってます」

今シーズン最後となった夢スタでのマスコミの囲み取材は大きな拍手で締めくくられた。壮大な夢はまだまだ続きがある。次の目玉は新スタジアムの計画だ。

J1規格1万5000人収容の新スタジアム構想――。

2019年11月15日付の愛媛新聞によると、

『サッカーJ3に来季昇格予定のFC今治　新スタジアム整備で市有地無償貸与の方針を示している愛媛県今治市は15日、市議会スポーツ振興特別委員会で、岡田武史オーナーを代表取締役に1日設立した新会社を建設運営主体とする整備計画案を提示した。市営スポーツパーク

（高橋ふれあいの丘）の市有地5万7373平方メートルで2020年10月ごろ着工、J1、J2の基準を満たす1万5000席や照明を備えた施設を整備し、22年1月ごろの完成を目指す。新会社はFC今治運営会社「今治．夢スポーツ」の全額出資による「今治．夢ビレッジ」。計画案によると、新スタジアムは現在のチーム拠点ありがとうサービス．夢スタジアムの東の駐車場などに使われている市有地に整備する。建設費は30億～45億円で、地元企業など数十社出資の8億～11億円と金融機関などからの借入金22億～34億円を充てる。市有地の貸与期間は30年』

一方、委員から「今治の人口規模でサッカービジネスが成り立つのか」「市陸上競技協会が求める陸上競技場整備も並行して議論する約束が置いてけぼりではないか」との疑問や不満の声も出て、菅市長は「並行して着実に方向性を見いだしたい」と述べたとある。

つまり、立案中で、まだこの時点では確定ではない。

ただし、Jリーグが特例で認める「昇格後5年以内にスタジアムを整備予定なら上位カテゴリーのライセンス取得可能」の条件に当てはまれば、あとは成績次第で2020年シーズンでのJ2昇格は可能だ。

愛媛で2つ目、四国では4つ目、J全体では56チーム目のプロクラブが誕生する。

プロサッカークラブを複数擁する都府県はこれまで9つ。長野、茨城、千葉、東京、神奈川、埼玉、静岡、大阪、福岡。愛媛は記念すべき10県目だ。

サッカー王国でもなく、巨大都市に隣接する地域でもない四国の1県に2つのプロサッカークラブがどう共存するのか。日本中の地方都市が注目している。

さらに四国に目を向けるとJ2に愛媛FC、徳島ヴォルティスの2チーム。そしてJ3にFC今治とカマタマーレ讃岐、JFLには高知ユナイテッドが初昇格した。

また、女子で言うとなでしこリーグ1部に愛媛FCレディースが参戦する。

2020年は愛媛サッカー新時代が到来する。

今治の歴史の中で、いや、愛媛スポーツ界の歴史の中でも、大きなターニングポイントになるメモリアルイヤーだ。

FC今治はいまだ壮大な夢の途中。ここからまた大海原へ漕ぎ出して行く。

おわりに

新しい出発の前には別れもあるのがサッカー界の常だ。

2019年を共に戦った選手やスタッフもまたFC今治から離れていった。

ベテランの内村圭宏、太田康介、そして若手の上村岬らの退団はシーズン終了を待たずに発表されていた。

内村選手からはチームリリース直前の飲み会で「今日、契約満了になったんですよ」と事も無げに言われ、一瞬なんのことかわからず何度か聞き直したということがある。シーズン通してコンスタントに出場し得点も重ねていた（2019年26試合7得点）だけに何とも無情な通告だと言い返すと「いや、チームには感謝しかないんですよ」と本人にたしなめられた。

実はここ数年、足首の痛みが引くことはなかったという。人工芝で練習をすると痛みがぶり返し満足にプレーができない。痛みをなくすために練習を休まざるをえなかったけれど、それでもチームは辛抱強く試合に使ってくれた。クビになるのは辛いけど本当にありがたかったと笑った。

大きなプレッシャーから解放され久しぶりに大好きなお酒を嬉しそうに飲む彼の姿を見て、プロサッカー選手を終えたばかりの束の間をこれ以上詮索するのは野暮だと思い直した。

しばらくして内村選手は17年間のプロ生活からの引退を発表した。35歳からのセカンドキャリアはサッカーの普及に捧げることにした（株式会社ジャパン・スポーツ・プロモーションとマネジメント契約締結）。

また30節のホーム最終戦後に行われたお別れセレモニーで「まだ食べ盛りの家族がいるんで何かあったら連絡ください！」と叫び、サポーターからの笑いを誘った前キャプテンの太田選手はラインメール青森に移籍。37歳の新シーズンを再びＪＦＬで戦い、今度は自身４度目の昇格を目指すことになった。（２０２０年のＪＦＬは7月18日から再開予定。２回戦総当たりを辞め1回戦総当たりと地域リーグへの降格を無くした）

同じくそのセレモニーで「本当はこのチームでＪ1まで行きたかったです……」と涙したのは上村選手だった。チームスタイルになかなかフィットすることができず出場機会を減らしていた若き司令塔。「でも、今度は敵として今治を倒すという目標ができました！」と前を向き直した。まだ伸び盛りの28歳。テクニシャンの彼に反骨心が加わればその目標ははやいうちに達成されるだろう（2020年兵庫県地域リーグＣｅｎｔｏ　ＣｕｏｒｅＨＡＲＩＭＡ　＊元バンディオンセ加古川に加入）。

Ｊ昇格の功労者であった小野剛監督の退任は12月上旬に発表された（1月17日、日本サッカー協会技術委員に復帰）。

後任監督は意外にも外国人だった。

リュイス・プラナグマ・ラモス。スペイン、バルセロナ出身の39歳。

選手時代の怪我のため、プロ選手になれず若くして指導者へ転身。スペインの歴史あるクラブ、エスパニョールやビジャレアルのＢチームなどを経て、昨年はエルクレスなどスペイン3部リーグの指揮官を歴任。グラナダＢの監督だった2016年、トップチームの監督が解任されたことで暫定監督として1試合のみ、ラ・リーガ1部の指揮も経験している。

自身海外初挑戦となったリュイス監督は、その初年度で今回のコロナ騒動に遭遇。岡田さんからはまじめな人柄を見込まれ招聘された。その評価通りこの騒動でも慌てることなく、そして辛抱強くシーズン開幕を待った。

コロナ感染がいっこうに収まらない母国にいる最愛の家族を思うと気が気ではなかった。しかし、生活のすべてを初めてプロリーグにチャレンジするクラブのチーム作りに捧げた。

再開日程が決まったときは、「選手の健康を第一に準備したい」と冷静に受け止めた一方で、リモートマッチ（無観客）開催には「それはサッカーではない」とサッカー先進国出身者らしい不満を漏らした。しかし、気持ちはすでにピッチにあるようで「はやくこの状況が落ち着いて少しでも早く夢スタのお客さんの前で試合がしたい。今治のファンにはJ2昇格という希望を与えたい！」と意気込みを語った（7月10日からのスタジアム集客は最大5000人まで可能だが夢スタは1500人からスタート　＊8月から最大収容人数50％予定）。

もう1つ。昇格に関わる新スタジアムについても大きな動きがあった。

現在の本拠地「ありがとうサービス．夢スタジアム」の東隣に建設予定だったサッカー専用スタジアム通称〝里山スタジアム〟は2020年10月に着工し2022年1月の完成予定を目指していた。

しかし、これも新型コロナウイルスの感染拡大を受け、クラブは「今は地元企業などの皆様に出資をお願いする環境にない」と計画の延期を決めた。完成予定時期も後ろ倒しし2023年春のシーズン開幕に合わせたいとした。

このように新スタジアムの建設予定はずれ込んでしまったが、リュイス監督が「今季はJ2昇格を目指す！」と意気込むように実は昇格の可能性は0ではない。2018年末、Jリーグ規定が一部改訂されJ2昇格条件「1万人以上のスタジアムの保有」については〝Jリーグの定義する「理想的なスタジアム」を整備するのであれば5年の猶予を認め上位ライセンス取得可能とする〟となっている。つまり今、1万人規模のスタジアムがなくても昇格後5年以内に整備する計画があれば昇格を認めますということだ。

クラブが目指すのはその特例に認められ、9月末に交付されるJ2ライセンスをゲットしさらに年間成績2位以内の成績も手にし、最短の1年でJ3を突破することだ。

6月27日。誰も経験したことがない2020シーズンがついに始まった。

特殊なシーズンには特別なルールも適用された。

2020年Jリーグはj1、J2、J3すべてのカテゴリーにおいて、「昇格はあり」だが「降格はなし」とした(J1参入プレーオフもなし。J2はJ1に2クラブ昇格、J3はJ2に2クラブ昇格　＊条件を満たさない場合は昇格クラブ数に変動あり)。

FC今治は初のJ3をアウェイでスタート。同じく初のJ3へ降格したばかりのFC岐阜と第1節で対戦。リモートマッチの中、格上チームに互角以上の戦いを見せ0－0のスコアレスドロー。岡田会長も「チームの方向性は間違っていない」と初勝利とはならなかったが、初の勝ち点1獲得に手ごたえを感じていた。

7月3日。FC今治は来季のJ2ライセンス取得を目指しJリーグに書類申請した。ライセンス交付には地元の機運と盛り上がりも影響してくるので、最低でも9月ごろまでには昇格の可能性のある順位にいることも重要だ。

7月4日。初勝利が期待されたホーム開幕戦。今治にとって最初で最後のJデビューホームゲームでもあり、メモリアルな第2節。4カ月待ち続けたサポーターになんとか画面を通して歓喜を届けたかったが、相手ロアッソ熊本のリズムにのまれ0－1でJ初黒星。

続く第3節対鹿児島ユナイテッドFC戦もホームゲームだった。リモートマッチ明けで初めて観客を入れての試合でもあり、今度こそ地元での初勝利を、と意気込んだがまたも1－1の引き分け。歴史的初勝利をこの目に焼き付けようと集まった1116人のサポーターに歓喜を届けることはできなかった（なお、林誠道選手の得点がFC今治にとってのJリーグ初ゴールとなった）。これまでの3チームとも元J2のタフな相手だったとはいえ、Jの洗礼を受けたFC今治には苦いスタートとなってしまった。

ただし、この3試合で選手たちや関係者の表情は少しずつ以前に戻ったかのように見えた。特にお客さんを入れた第3節は拍手のみの応援スタイルだったが、前の2節のリモートマッチとは全く違う雰囲気で本来のフットボールに戻りつつあることを実感した。

しかし、Ｊリーグ創設27年目にして初めてサッカーのない春を迎えたことを忘れてはいけない。

一般社会で〝新しい生活様式〟が求められているように、サッカーにも新しい様式、これまでと違う考え方が必要だ。コロナ後の本当の未来は数カ月後、いや数年後にやってくる。本来の姿に近づくためには、私たちの今の過ごし方にかかっている。

今、今治市の中心地ドンドビ交差点に立ってみる。

商店街入口の両側にはＦＣ今治を応援する数本の幟が風にはためいている。相変わらずアーケード内は閑散としている。

隣のパチンコ屋さんからお父さんが一人出てきた。すれ違うようにして自転車に乗った高齢の女性が通り過ぎて行った。いずれも白いマスク姿だ。

残念ながらＦＣ今治がＪ３に昇格したおかげで商店街に人が溢れ、シャッターを下ろした店が一つもなくなった、というわけではない。

５年前と同じように商店街の人通りは少ないままだ。

しかし、今まではなかった心震える、心踊る、心温まる〝新しい非日常〟が誕生したことは紛れもない事実である。それは大人も子どももおじいさんもおばあさんも、誰もが一つのボールの行方に一喜一憂するサッカー祭りだ。

今はまだ数千人規模のお祭りだが近い将来、1万人以上が集う一大フェスティバルになる可能性を秘めている。

そこは日本人だけでなくいろんな国の人が詰めかけ、サッカーの試合が終わった後も賑わいが続く〝妙にコスモポリタンな町〟だ。

本書ではFC今治がリスタートして5年を追いかけた。

次の5年が過ぎると、最初に岡田さんが「10年でJ1、代表選手4、5人輩出する」とぶち上げた2025年がやってくる。

そんな未来が本当にやってくるかもしれないし、やってこないかもしれない。

だが、大事なのはそんなことではない。

今回のコロナ禍で学んだことが2つある。

1つ目は一寸先を誰も予想できないということ。

2つ目は勝利や昇格だけが心を豊かにしてくれるのではないということだ。

2020年7月吉日　江刺　伯洋

[著者略歴]

江刺伯洋

（えさし・はくよう）

1971年愛媛県生まれ。地元・松山で育ち、甲南大学を卒業後、1995年に南海放送へアナウンサーとして入社。以来20年以上、主にスポーツ中継やラジオ番組などを担当。現在の担当はDAZNのFC今治、愛媛FCの実況。ラジオ番組「江刺伯洋のモーニングディライト・フライデー」など。著書に愛媛FCのJ昇格劇を描いた『オレンジ色の夜明け』（四国スポーツ通信）がある。

装丁　水戸部 功
本文デザイン DTP　ゴトウアキヒロ
校正　東京出版サービスセンター
編集協力　鈴木 康浩
山本 浩之
川面 蘭子
特別協力　岡田 武史（株式会社今治．夢スポーツ　代表取締役会長）
駒野 友一（FC今治）
橋本 英郎（FC今治）
株式会社 LDH JAPAN
愛媛県庁
今治市役所
編集　吉村 洋人

群青の航海
FC今治、J昇格まで5年の軌跡

2020（令和2）年8月17日　初版第1刷発行

著　者　江刺 伯洋
監　修　FC今治、南海放送
発行者　錦織 圭之介

発行所　株式会社 東洋館出版社
〒113-0021　東京都文京区本駒込 5-16-7
営業部　TEL 03-3823-9206 ／ FAX 03-3823-9208
編集部　TEL 03-3823-9207 ／ FAX 03-3823-9209

振替　00180-7-96823
URL　http://www.toyokan.co.jp

印刷・製本　岩岡印刷株式会社
ISBN　978-4-491-04095-0 / Printed in Japan